KB215419

염불원통장
보왕삼매참

비움과소통

목 차

제1부 염불원통장 강의   6

   옮기는 글   8

   염불원통장 경문   11

   염불원통장 강술   15

제2부 보왕삼매참   94

   머리말   96

   하련거 거사 찬   98

   보왕삼매참 경문   103

능엄경 대세지보살 염불원통장 강의

원영법사(圓瑛法師) 강술(述)

박영범 옮김

능엄경 대세지보살 염불원통장 강의
옮기는 글

이하 번역문[1]은 원영대사(圓瑛大師)님의 『대불정여래 밀인 수증요의 제보살만행 수능엄경 강의』 제14권(大佛頂如來密因修證了義諸菩薩萬行首楞嚴經講義 第14券)의 일부분이다. 번역하면서 제목을 간략하게 『능엄경 대세지보살 염불원통장 강의』로 하였다.

능엄경 원문 제5권[2]에는 25분의 성자가 각자 원통을 이룬 방법을 설명하는데, 그 중 24번째가 대세지보살의 염불원통장이다. 인광대사님께서 중화민국 초기에 능엄경 대세지보살 염불원통장을 발췌하여 무량수경, 관무량수경, 불설아미타경, 화엄경 보현행원품의 4종에 함께 수록하여 정토오경을 만들었다. 이 장은 매우 짧아서 244자에 불과하지만, 의리는 무궁무진하여 능엄

---

1) https://www.bfnn.org/book/books2/1485.htm
   https://book.bfnn.org/books2/1472.htm
2) 원영대사님의 강의의 권수가 아님에 주의

경의 정화이고, 실제로 정토심경(淨土心經)이라 말할 수 있을 뿐만 아니라, 부처님 일대장교의 심경이라 말할 수 있다. 인광대사님은 이 염불원통장을 '정토종 최상의 가르침이고, 가장 미묘한 염불법문이다.'라고 하셨다.[3]

염불원통장에 관하여는, 이미 국내에 관정(灌頂)대사님의 주석을 정공(淨空)법사님이 다시 풀이하신 〈능엄경 염불원통장 소초대의 강기〉(비움과소통 간)와 정권(靜權)법사님의 염불원통(삼보제자 간)이 번역·소개되어 있다. 금번에 새로 원영대사님의 강의를 소개하게 된 것을 매우 기쁘게 생각한다. 아울러 옮긴이는 정토 행자들이 의식 때나 평소에 이「염불원통장」을 지송할 것을 조심스럽게 제언하는 바이다.

불기 2568년(2024년) 8월
안양인 박영범 합장

---

3) 印光大師嘉言錄(출전: 淨空老法師專集網), 161쪽. 佛說阿彌陀經要解講記(출전: 華藏淨宗學會), 97쪽. 불설대승무량수장엄청정평등각경친문기, 16~17쪽. 능엄경 염불원통장 소초대의 강기, 62, 135, 225쪽. 정토오경일론, 13쪽

不假方便 自得心開

만약 중생의 마음이 부처님을
그리워하고 부처님을 생각하면,
현재나 미래에 반드시 부처님을 뵙게 되며,
헤어진 부처님과 멀지 않아서
다른 방편을 빌리지 않고도
저절로 마음이 열리게 된다.
이는 마치 향을 물들이는 사람의
몸에서 향기가 나는 것과 같다.
이것을 향광장엄이라 이름한다.
- 능엄경 염불원통장

경문

대세지보살 염불원통장
大勢至菩薩 念佛圓通章

大勢至法王子, 與其同倫, 五十二菩薩, 即從座起, 頂禮佛足, 而白佛言 : 我憶往昔, 恆河沙劫, 有佛出世, 名無量光, 十二如來, 相繼一劫, 其最後佛, 名超日月光, 彼佛教我, 念佛三昧. 譬如有人 : 一專為憶, 一人專忘, 如是二人, 若逢不逢, 或見非見, 二人相憶, 二憶念深. 如是乃至, 從生至生, 同於形影, 不相乖異. 十方如來, 憐念眾生, 如母憶子. 若子逃逝, 雖憶何為? 子若憶母, 如母憶時, 母子歷生, 不相違遠. 若眾生心, 憶佛念佛, 現前當來, 必定見佛. 去佛不遠, 不假方便, 自得心開. 如染香人, 身有香氣, 此則名曰 : 香光莊嚴. 我本因地, 以念佛心, 入無生忍. 今於此界, 攝念佛人, 歸於淨土. 佛問圓通, 我無選擇, 都攝六根, 淨念相繼, 得三摩地, 斯為第一.

대세지법왕자가 52분의 동료 보살과 함께 즉시

자리에서 일어나, 부처님 발에 정례(頂禮)하고 부처님께 말씀드렸다. 제가 과거 항하사겁을 기억해 보니, 부처님께서 세상에 출현하시어, 무량광이라 이름하셨습니다. 열두 분의 여래께서 1겁 씩 이어오셨고, 최후의 부처님은 초일월광이라 이름하셨습니다. 그 부처님께서 저에게 염불삼매를 가르쳐 주셨습니다.

「비유하자면 어떤 이가 있어, 한 사람은 오로지 그리워하고, 한 사람은 오로지 잊어버리고 있다면, 이 두 사람은 만나도 만나지 못하고, 보아도 못 본 것과 같다. 두 사람이 서로 그리워하여, 둘의 그리워하고 생각하는 마음이 깊어져, 이와 같으면 더욱 세세생생에 형상과 그림자처럼, 서로 어긋나거나 다르게 되지 않는다. 시방의 여래께서 중생을 가엾게 여기심은 어머니가 자식을 그리워하는 것과 같다. 만약 자식이 도망친다면 그리워한들 무슨 소용이 있겠느냐? 자식이 만약 어머니를 그리워하는 것이 어머니가 그리워하는 때와 같다면, 어머니와 자식은 여러 생에 걸쳐 서로 어긋나거나 멀어지지 않는다. 만약 중생의 마음이 부처님을 그리워하고 부처님을 생각하면, 현재나 미래에 반드시 부처님을 뵙게 되며, 헤어진 부처님과 멀지 않아서 다른 방편을 빌리지 않고도 스스로 마음이 열리게 된다. 이는 마치 향을 물들이는 사람의 몸에서 향기가 나는 것과 같다. 이것을 향광장엄이라 이름한다.」라고 하셨습니다.

　저는 본래 수행의 원인 자리에서 염불심으로 무생법인에 들어갔습니다. 지금 이 세계에서 염불하는 이들을 거두어 극락정토로 돌아가겠습니다. 부처님께서 원통(圓通)에 대해 물으셨습니다. 저는 다른 선택이 없습니다. 육근을 모두 거두어 깨끗한 염불이 계속 이어지게 하여, 삼마지를 얻는 것, 이것이 제일입니다.

돌아오라
고향으로
극락정토

크도다! 염불을 법문으로 삼아,
대승과 소승을 모두 섭수하고
이근과 둔근을 나란히 포섭하며,
사事와 이理에 원융하고
성性과 상相에 걸림이 없다.
부처에 즉함이 그대로 마음이니
한 마음도 마음부처 아님이 없고
마음에 즉함이 그대로 부처이니
한 부처도 부치마음 아님이 없다.
마음을 전일하게 억념함에 불불이 모두
드러나고 부처님을 전일하게 칭념함에
마음마음 문득 드러나니, 마음 바깥에
부처가 없어 마음의 억념하는 바가 되고
또한 부처 밖에 마음이 없어 부처의
칭념하는 바가 된다.
- 능엄경 대세지보살염불원통장 소초

대세지보살 염불원통장 강의

원영법사(圓瑛法師) 강술(述)

박영범 옮김

묘(卯)7. 대세지보살 근대원통은 다섯으로 분류한다. 진1(辰初). 고불(古佛)께서 〔대세지보살에게〕 법을 수여해 주신 것에 대하여 진술하여 알림

2. 감응도교에 대하여 상세하게 비유함

3. 깊은 이익을 드러내 보임에 대한 비유를 더함.

4. 자신의 자리이타에 대하여 서술함.

5. 원통을 증득한 바에 대하여 결론을 맺어 답함.

처음은,

대세지법왕자가 52분의 동료보살과 함께 즉시 자리에서 일어나, 부처님 발에 정례(頂禮)하고 부처님께 말씀드렸다 :

이것은 근대원통(根大圓通)4)이다. 곧 육근을 모두 거두는 것이고(都攝六根) 단지 하나의 근(一根)만을 수행하는 것이 아니다. 만약 하나만 닦는 것이라면 즉 육근과 똑같기 때문에, 〔칠대(七大)인 지·수·화·풍·공·근·식의 순서에 따른다면〕 칠대(七大) 중에서 근대(根大)는 식대(識大)의 앞에 놓여야 한다. 그러나 지금 이 〔대세지〕보살께서는 〔식대(識大)를 대표하는〕 미륵의 뒤에 〔근대원통을〕 설하였다.5) 〔칠대의 순서대로 하지 않고 이와 같이 식대 뒤에 근대(根大)를 설하는 것은〕 대기(對機)6)를 위한 까닭이다. 〔한편, 25원통의 순서 배열에 있어〕 관세음이 육근의 대열에 참여하지 않고 홀로 뒤에 전개된 것에는 3가지 의미가 있다 :

1. 앞의 가르침에서 부처님의 밀의(密意)는 깨달

---

4) 지(地) 수(水) 화(火) 풍(風) 공(空) 근(根) 식(識)의 칠대(七大) 중 근대(根大)로 인한 원통(圓通)
5) 대세지보살은 근대원통이므로 미륵보살의 식대 앞에 위치해야 하지만, 실제 능엄경에서는 순서가 바뀌었음
6) 설법을 듣는 상대방

아서 원만하게 일과(一科) 중에 들어가게 하시면서, 이미 이근(耳根)이 가장 우수하다는 것을 비밀하게 보이신 것을 알아야 한다.[7)]

2. 문수가 「이 세계의 진실한 가르침의 본체인 청정은 음성을 듣는데 있다(此方眞敎體淸淨在音聞).」라고 말한 것과 같이, 이곳의 중생들은 이근이 가장 예리하여 수증(修證)이 쉬움을 알아야 한다.

3. 만약 다문(多聞)인 아난이 일향으로 이근을 늘 사용하는데 있어, 단지 소리를 들음에 있어 순순히 흐름을 따르지 않고(但令不順流聞聲), 역으로

---

7) 그때 세존께서 문수사리에게 말씀하셨다. "너는 지금 이 스물다섯 명의 배울 것이 없는 모든 보살들과 아라한을 관찰하여라. 각각 최초의 도를 이룬 방편을 말하되 모두 진실하고 원만하게 통함을 닦았다고 하였으니 그들의 수행은 진실로 우열도 앞뒤의 차별도 없는 것이겠으나 내가 지금 아난으로 하여금 깨닫게 하고자 하나니 스물다섯 가지 수행 중에서 어느 것이 그의 근기에 적당하겠으며, 그리고 내가 멸도한 뒤에 이 세계의 중생들이 보살승(菩薩乘)에 들어가서 최상의 도를 구하려면 어떤 방편의 문이라야 쉽게 성취할 수 있겠느냐?" (출전: 능엄경, 2005, 민족사, 193쪽)

흘러서 성품을 비추면(而逆流照性), 곧 길을 따라 집으로 돌아갈 수 있음을 알아야 한다 ; 소리를 듣는 것에 순순히 흘러 들어간다면, 〔이것은〕 즉 결박의 근원이고, 곧 생사의 근본이다. 역으로 성품을 비추는 것에 흘러들어 가면, 즉 해탈의 요건으로, 열반의 문에 들어갈 수 있다. 그래서 관음을 전개한 뒤에, 매듭을 풀고 수증(解結修證)하는 것을 서술하고, 널리 중생을 이롭게 하는 큰 작용을 이야기하여, 아난으로 하여금 흠모하는 마음을 깨우려 한다. 대세지 역시 부처님의 밀의(密意)를 아는데, 만약 이곳의 기의(機宜)[8]에 대한 것이라면 능엄대정(楞嚴大定)을 수증하는 것은 당연히 이근이 최고이다. 〔그러나〕 만약 세 가지 근기를 두루 가피하고 가로로 생사를 초월하는 것을 논하자면 오직 염불법문이 가장 간단하고 쉬우며 가장 원돈(圓頓)이어서 감히 제일이라 칭한다. 그러므로 식대(識大) 뒤에 설하고 있다.

---

8) 중생(衆生)에게 선근(善根)이 있어 교화(敎化)하기에 알맞음(출전: 네이버 한자사전)

　　대세지(大勢至)는 《관무량수경(觀經)》에서 이르시
길 :「지혜광으로 일체를 두루 비추고, 영원히 삼
악도(三途)를 떠나게 하는 위 없는 힘을 갖추어, 그
래서 대세지라 이름한다.」라고 하였다. 《사익경(思
益經)》에서 이르시길: 내가 발을 디디면 대천세계
를 진동시켜 마왕의 궁전까지 미치는데, 그래서 대
세지라 이름한다.」라고 하였다. 또 득대세(得大勢)
라 이름하는데, 일체에 마땅히 해야 할 일을 이룰
수 있어서 대세력(大勢力)을 얻는 것(得)이다. 《비화
경(悲華經)》에서 이르시길 : 과거 인지(因) 중에서
미타[9])께서 전륜왕이실 때, 관음이 장자이고, 세
지[10])는 차자로, 지금 극락에서 미타의 좌우에 머
무르면서 부처님의 교화를 보필하고 부처가 될 후
보의 지위에 있다.

아미타불은 무량수라 이름하는데, 곧 유량(有量)의

---

9) 아미타불의 약칭
10) 대세지보살의 약칭

무량(無量)이며, 역시 열반이 있다. 미타의 열반 후
에 정법(正法)이 세상에 머무르는데 역시 무량겁이
다. 정법은 상반야(上半夜)에 다 없어지고, 하반야
(下半夜)11)에 관세음보살이 성불하여 **보광공덕산왕**
여래(普光功德山王如來)라 이름한다. 부처님의 수명
과 정법은 역시 모두 무량한데, 정법이 세상에 머
무를 때 대세지보살은 중생을 교화하고, 부처가 될
후보의 지위에 있다. 정법이 상반야에 없어지게 되
면 대세지보살은 하반야에 성불하는데, **선주공덕보**
왕여래(善住功德寶王如來)라 이름한다.

법왕자(法王子)는 보살의 별칭이고, 법왕은 부처
님을 가리키는데, 부처는 법왕으로 법에 있어 자재
하다. 법왕자는 네 가지 종류의 마음을 발할 수 있
는데 ;
　1. 광대심(廣大心)을 발한다 : 시방세계의 무변중
생에 대한 제도를 서원하고, 염불인을 거두어(攝)
정토로 돌아간다.

---

11) 상반야, 하반야에 대하는, 정토문답(비움과소통 刊) 제645조 참조

2. 제일심(第一心)을 발한다 : 위 없는 불도 (無上佛道)를 이루기를 서원하고, 비록 이미 삼덕 (三德)을 부분적으로 증득(分證)하였으나 여전히 구경의 두 가지 장엄(究竟二嚴)을 구한다.

3. 상시심(常時心)을 발한다 : 미타와 관음을 보조하여 오랜 겁수에 걸쳐 싫어함과 피곤함이 없다.

4. 부전도심(不顚倒心)을 발한다 : 여러 겁에 걸쳐 중생을 제도하는데 있어, 중생을 제도한다는 상 (相)에 집착하지 않아 제도함이 없이 제도하고, 제도함이 즉 제도함이 없는 것이다.

여래의 중요한 임무를 능히 담당할 수 있고 능히 법왕의 가업(家業)을 이을 수 있어, 법왕의 진짜 자식이기 때문에 그래서 법왕자라 칭하다.

52분의 동료보살과 함께(與其同倫 , 五十二菩薩) : 함께(與)자는 공동(共)이라는 뜻이다. 윤(倫)자는 부류(類)라는 뜻이다. 요컨대 자기 스스로 수행하는 것(自行)과 남을 교화하는 것(化他) 두 부류로 나뉜다 :

1. 스스로 수행하는 것(自行)은 염불심으로 무생인(無生忍)12)에 들어가는 것이다. 비록 같이 염불법문을 수행하여도 공행(功行)의 깊고 얕음이 같지 않아, 혹은 건혜지(乾慧地)에 머무는 자가 있고, 혹은 십신(十信)에 머무는 자가 있다. 십신(十信), 십주(十住), 십행(十行), 십회향(十回向), 십지(十地), 등각(等覺)을 합하여 52위(位)이다. 그래서 52보살이라 말하는데, 한정된 수가 아니다.

2. 남을 교화하는 것(化他)은 염불법문으로 중생을 교화하는 것이다. 이 세계에서 염불인을 거두어 정토로 돌아가게 하는데, 공행(功行)13)의 깊고 얕음에 따라 교화되는 중생도 역시 52위의 차별이 있다.

보살(菩薩)을 온전하게 말하자면 보리살타(菩提薩埵)이다. 범어(梵語)로 보리(菩提)는 이것을 깨달음(覺)으로 번역하고, 살타(薩埵)는 유정(有情)으로 번

---

12) = 무생법인(無生法忍)

13) 수행으로 얻은 공력(修行によって得られた功力) 〔출전 : https://kotobank.jp/word/行功, 2022. 12. 9. 확인〕

역하며, 유정은 즉 구계중생(九界眾生)에 대한 통칭이다. 육도의 범부중생은 애정을 끊지 못하고, 삼승(三乘)14)중생은 식정(識情)이 다하지 못하여서, 함께 유정이라 칭한다. 깨달은 유정(覺有情)은 곧 대세지보살을 가리키는데, 세 가지 의미의 해석이 있다 :

1. 자기를 이롭게 함(自利)이다. 이미 깨달은 유정으로 자신은 본래 부처이니, 만약 기꺼이 염불을 한다면 반드시 성불을 할 수 있다.

2. 다른 이를 이롭게 함(利他)이다. 스스로 깨달은 도(道)로서 능히 일체중생을 깨닫게(覺悟) 하고, 중생을 교화하여 같은 마음으로 염불(同心念佛)하게 하여 모두 불도(佛道)를 이루게 한다.

3. 지혜를 운용하여 위로 불도를 구하면서 스스로를 이롭게 하고, 비(悲)의 마음을 운용하여 아래로 중생들을 제도하여 다른 이를 이롭게 한다. 이 세 가지 의미가 있어 깨달은 유정이라 이름한다.

---

14) 성문, 연각, 보살

즉시 자리에서 일어나 부처님 발에 정례(頂禮)하고라는 것은 [자신의] 가장 귀한 머리로 우리 부처님의 가장 낮은 발에 정례하는 것이다. 이는 지극한 공경을 표하는 것으로 부처님께 고하여 말하는 것이다 : 이것은 청법(請法)의 의식으로 곧 경가(經家)15)들이 이야기한 바이다.

제가 과거 항하사겁을 기억해 보니, 부처님께서 세상에 출현하시어, 무량광이라 이름하셨습니다. 열두 분의 여래께서 1겁씩 이어오셨고, 최후의 부처님은 초일월광이라 이름하셨습니다. 그 부처님께서 저에게 염불삼매를 가르쳐 주셨습니다.

보살은 스스로를 제(我)라고 칭하는데 곧 이것은 보살의 가짜 나(假我)이고, 곧 법신(法身)이 진짜

---

15) 부처님의 가르침을 읊고 결집하여 경전으로 만든 불제자들(출전: 佛學大辭典)

나(眞我)이다. 〔여기서는〕 세상 사람들〔의 관습〕을 순순히 따라 나라고 똑같이 칭하지만, 범부(凡夫)의 망상과 집착 속의 나와는 같지 않다. 범부는 망상과 집착에 의해 사대(四大)로 이루어진 허망한 몸을 실제 나로 삼기에, 제법(諸法)은 본래 나가 없지만(無我), 아집(我執)이 이미 탐(貪)·진(瞋)·치(癡)를 일으켜, 이것을 따라 생겨나지 않는 것이 없다는 것을 알지 못한다. 혹은 재물을 탐하여 내가 누리는 것을 위하고, 혹은 색을 탐하여 나의 오락을 위하며, 혹은 명예를 탐하여 나의 영광을 위하고, 혹은 먹는 것을 탐하여 나의 자양을 위하며, 혹은 수면을 탐하여 나의 안식을 위한다 ; 이것이 내가 재물, 색, 명예, 음식, 수면을 탐하는 것으로, 만약 타인으로부터 방애(妨礙)를 받거나, 빼앗기면, 즉 진노하는 마음을 벌떡 일으킨다. 이것은 탐으로 인하여 분노를 일으키고, 즉 어리석게 되는 것이다. 그래서 아집이 뭇 악의 근본임을 알아야 한다. 몸과 마음은 이로 인하여 안락을 얻지 못하고, 세계는 이로 인하여 화평을 얻지 못한다.

또 외도(外道)들이 망령되게 헤아리는 나(我)와 같지 않다. 외도는 25제(諦)가 있다. 최초에는 명제(冥諦)를 이루고, 명제는 각대(覺大)를 생기게 하며, 각대는 아심(我心)을 생기게 하고, 아심은 오미(五微)를 생기게 하며, 오미는 오대(五大)를 생기게 하고, 오대는 십일근(十一根)을 생기게 하며, 최후에는 신아(神我)를 말하고, 신아가 있음이 만능이라고 헤아린다. 이것은 삿된 지식과 삿된 견해에 속한다. 보살은 이미 아공(我空)을 얻었고, 그래서 허망한 집착과 삿된 헤아림이 있는 범부와 외도 두 종류의 나가 아니다.

제가 과거(往昔) 항하사겁(恆河沙劫)을 기억(憶)해보니 : 제(我)자는 이미 위에서 해석한 바와 같고, 억(憶)자는 억념(憶念)으로, 명백하게 기억(記)하여 잊지 않는 것이다. 과거(過去)를 왕석(往昔)으로 칭하였다. 항하(恆河)16)는 역시 긍가하(殑伽河)

16) 인도의 갠지스강

를 이르는 것인데, 이것은 천당(天堂)에서 오는 것을 이르는 것이고, 그 오는 곳이 높다는 것을 나타낸다. 이 강은 인도의 설산의 정상에 있는 무열뇌지(無熱惱池)에서 흘러나온다. 무열뇌는 용궁의 이름으로, 이 연못은 용으로 이름하며, 연못은 4개의 입구가 있어, 네 개의 강이 흘러나온다 : 동쪽 은우구(銀牛口)에서 긍가하가 흘러나오는데, 이는 천당에서 나와 그 오는 곳이 높다는 것을 나타낸다. 즉 항하로, 폭이 40리이고, 강바닥은 은모래이며, 모래는 면(麵)과 같이 가늘다. 남쪽 금상구(金象口)에서 신도하(信度河)가 흘러나오는데, 이는 험하(驗河)라 이르고, 강바닥은 금모래이다. 서쪽 유리마구(琉璃馬口)에서 박추하(縛芻河)가 흘러나오는데, 이것은 청하(靑河)라고 이르고, 강바닥은 유리모래이다. 북쪽은 파리사자구(玻璃師子口)에서 사다하(徙多河)가 흘러나오는데, 강바닥은 파리(玻璃) 모래로, 중국 황하(黃河)의 근원이다. 부처님이 머무시는 것은 기원(祇園)[정사]인데, 항하 가까이에 있다. 일반적으로 수량이 많다고 말함에 있어, 항상 모래를 비유로 든다. 이렇게 항하의 모래와 같이 많은 겁(恒河沙劫)을 말하여, 지나간 시간이 오래되었다는 것을 나타낸다. 겁(劫)은 겁파(劫波)인데, 이것은 긴 시간을 말한다.

부처님께서 세상에 출현하여 무량광이라 이름하셨습니다 : 그때에 부처님이 계시어 세간에 출현하셨다. 불(佛)은 범어로 본래 불타(佛陀)를 이른다. 이는 각자(覺者)를 말한다. 즉 크게 깨달은 사람(大覺悟之人)으로 본각(本覺)의 묘리(妙理)를 갖추고, 시각(始覺)의 묘지(妙智)를 발하여, 구경각(究竟覺)의 묘과(妙果)를 증득하여서, 바야흐로 불(佛)이라 이름한다. 부처님께서 인지(因地) 가운데 계시면서, 역시 인도(人道)의 중생으로 수행하여 성불하였다.

본각은 즉 중생이 본래 가지고 있는 불성(佛性)으로, 사람마다 본래 갖추고 있어 개개인마다 없지 아니하다. 이 성(性)은 즉 중생의 육근(六根) 가운데 있는 불생불멸의 진성(眞性)이고, 역시 즉 진여 묘리(眞如妙理)로, 중생의 오염된 인연에 따르나, 그 본체는 불변이다. 앞[17]에서 이르시길 :「설사 너의 형태가 사라지더라도 생명의 빛(命光)은 옮겨지는데, 이 성(性)이 어찌하여 너에게서 없어지겠는가?」라고 하였다. 인연을 따르지만 변하지 않아, 그래서 묘(妙)라 이른다.

본각(本覺)의 묘리(妙理)는 비록 사람마다 본래 갖추고 있지만, 다수 모두는 미혹하여 불각(不覺)이어서, 그래서 중생을 이룬다. 혹 선지식을 만나 깨우쳐 이끌어지거나(開導), 혹 경교(經敎)를 열람하고 깨달아서(開悟), 중생은 불성(佛性)을 구비한 본래 부처임을 요지(了知)[18]하여, 이를 시각(始覺)으로 삼아, 불각(不覺)으로부터 바야흐로 시각(始覺)을 깨닫는다(悟).

---

17) 능엄경 제4권
18) 명백하게 안다.

이 시각은 즉 묘지(妙智)에 속하는데, 이 묘지에 의지하여, 돌이켜 묘리(妙理)를 비추고, 비춤은 심원(心源)을 맑게 하여, 구경각(究竟覺)의 불과(佛果)를 이룬다. 이것을 삼각(三覺)이 원만하고 만덕(萬德)을 구족하여 대각(大覺)의 사람이 된다라고 말한다. 구계(九界)를 초월하여 홀로 존귀하고, 삼계를 이끌어 주시는 스승이시며, 사생(四生)의 자비로운 아버지로 세간에 출현하신 것이다.

'무량광이라 이름한다'는 것은 : 이 부처님은 광명으로 명호를 세웠고, 광명이 수승함으로 인하여, 무량광이라 이름한다. 그러나 광명은 몸의 광명(身光)과 **지혜의 광명(智光)**의 구별이 있는데, 지혜광은 제불이 모두 일체종지(一切種智)를 얻었기에, 지혜광은 서로 같다 ; **몸의 광명**은 일 유순, 십 유순, 백천 유순을 비추고, 혹은 한 세계, 열 세계, 백천세계를 비춘다. 지금 무량이라 칭하는 것은 즉 시방국토를 두루 비추면서 장애가 없기 때문인데, 더 나아가 해와 달의 신광(神光)이 도달하지 못하는 철위산간이라 하더라도 역시 대명(大明)을 얻는다. 이 무량광불의 이름은 미타와 이름이 같은데, 항하사겁 전에 바로 미타는 아니더라도 곧 같은 이름의 부처였다. 석가(釋迦)와 고석가(古釋迦)처럼 같은 이름의 제불은 매우 많다.

열두 분의 여래가 1겁씩 이어오신다는 것은 : 대아미타경(大彌陀經)19)에 근거하여 이르면 ; 무량광불(無量光佛), 무변광불(無邊光佛), 무애광불(無礙光佛), 무대광불(無對光佛), 염왕광불(炎王光佛), 청정광불(淸淨光佛), 환희광불(歡喜光佛), 지혜광불(智慧光佛), 부단광불(不斷光佛), 난사광불(難思光佛), 초일월광불(超日月光佛)이다.

1. 무량광불은 실상의 지혜로 이체를 비춤에 (實智照理) 한량이 없는 까닭이다.
실지조리

2. 무변광불은 권법의 지혜로 사상을 비춤에 (權智照事) 끝이 없는 까닭이다.
권지조사

3. 무애광불은 자광(慈光)이 즐거움을 주는데 장

---

19) 〈정토문답〉(비움과소통)의 각주 115) 참조

애가 없는 까닭이다.

4. 무대광불은 비광(悲光)이 고통을 뽑는데 있어 대적할 것이 없는 까닭이다.

5. 염왕광불은 광명과 음성으로 응화(應化)함에 자재한 까닭이다.

6. 청정광불은 미혹과 때를 이미 떠나서 깨끗한 광명(淨光)을 발하는 까닭이다.

7. 환희광불은 다른 이들이 수용(受用)하여 큰 기쁨을 내도록 하는 까닭이다.

8. 지혜광불은 대지혜로 모든 미혹을 깨뜨리는 까닭이다.

9. 부단광불은 항상 몸에서 광명을 발하여 끊이지 않는 까닭이다.

10. 난사광불은 묘용(妙用)이 무진하여 생각하고 논하기 어려운 까닭이다.

11. 무칭광불은 뭇 덕을 구족하여 칭하는 것이 불가능한 까닭이다.

12. 초일월광불은 하늘을 보고 땅을 봐도 일체를 초월하는 까닭이다.

이 12여래는 1겁씩 이어 오셔서 세간에 출현하였다.

최후의 부처님을 초일월광이라 이름하셨습니다 : 해와 달은 비록 광명이기는 하나, 엎어진 그릇을 비출 수 없는데, 이 부처님의 광명은 옛적에도 비추었고 지금에 이르기까지 늘 그러하며, 광명을 발하는 천 개의 해보다 뛰어나다.

그 부처님께서 저에게 염불삼매를 가르쳐주셨습니다 : 저 부처님은 본경 문장의 의미를 본다면, 당연히 최후의 한 부처님을 가리키는데, 만약 대본(大本)[20]의 의미에 근거한다면, 즉 무량수불의 별도 호칭으로 오직 하나의 부처님 몸이다. 이 말은 12불이 서로 이어서 세상에 출현하였으나, 즉 〔구체적으로 언제 어느 분이 오셨는지는〕 하나같이 분명하지는 않다. 그 부처님께서 저에게 가르쳐주

---

20) 정토법문에서 대경(大經), 대본(大本)은 통상 무량수경을 가리키는데, 여기서는 앞에서 언급하였던 대아미타경을 가리키는 것으로 보임

셨습니다 : 언어로 지시하는 것을 가르침(敎)이라 말한다. 가르침은 즉 부처님이 중생을 제도하는 것이고, 방편의 법으로서 인을 닦아 과를 이루도록 (修因剋果) 가르치고, 고통을 떠나 즐거움을 얻도록 (離苦得樂) 가르치는 것이다.

염불삼매 : 즉 인을 닦아 과를 이루어 내고, 고통을 떠나 즐거움을 얻도록 하는 수승한 방편이다. 염불은 청정한 삼업(淸淨三業)을 수행하는 것이고, 삼매는 반드시 사(事)와 이(理)의 일심불란(一心不亂)을 얻는 것이다. 과연 염불하면 반드시 삼매를 얻는데, 삼매를 얻고자 하면, 오직 염불을 해야 한다. 염불에는 네 가지가 있다 :

1. **지명염불(持名念佛)**은 부처님 명호를 설하는 것을 듣고서 일심으로 칭념(稱念)한다.
2. **관상염불(觀像念佛)**은 불상(佛像)을 마련하여 두고 주목하여 관하고 우러른다(注目觀瞻).
3. **관상염불(觀想念佛)**로 내 마음의 눈으로 저

여래를 관(觀)한다.

4. 실상염불(實相念佛)은 즉 자성(自性)인 법신진불(法身眞佛)을 염(念)한다.

이 네 종류의 염불은 명칭에 차별이 있고, 뜻에 깊고 얕음이 있다. 지금 본장(本章)21)의 염불은 즉 지명염불인데, **사념(事念)과 이념(理念)**의 구분이 있다 : 사념이라는 것은, 능념(能念)의 마음과 소념(所念)22)의 부처님 명호가 〔별도로〕 있는데, 일심으로 부처님을 계념(繫念)하니, 마음과 부처가 서로 떠나지 않는다. 내가 늘 사람들에게 알리는데 : 사념의 방법은 마음에 오직 부처님이 있고, 부처 외에는 다시 마음이 없으며, 입으로 하는 염(口念)이 마음으로 하는 염(心念)이고, 마음으로 하는 염이 입으로 하는 염이며, 글자마다 마음을 따라 일어나, 글자마다 입에서 나와, 글자마다 귀로 들어간다. 이와 같이 염하는 법은 혼미하거나 산란함에 이르지 않고, 생각 생각이 서로 이어져서, 중간에 끊어짐이 없다. 설사 염

---

21) 능엄경 대세지보살 염불원통장
22) 능념은 생각하는 주체, 소념은 그 생각의 대상

이 오래되어 입이 말라서, 마음으로 외우면서 입으로 염하지 않는 것은 허용되나, 입으로 염하면서 마음으로 염하지 않는 것은 허용되지 않는다.

염불의 법을 비유하는 두 가지 비유가 다시 있다 : 1. 마땅히 고양이가 쥐를 잡는 것같이 온정신을 다하여 몸의 털이 모두 곤두서야 한다. 또 바로 닭이 알을 품듯이 모든 사상(思想)을 내려놓고 혼망(渾忘)을 쪼아 먹어야 한다. 과연 이와 같이 염불하면, 비록 사념(事念)을 이루어도, 비단 왕생이 반드시 가능할 뿐만 아니라, 이치를 깨닫는 것도 역시 저절로 기대할 수 있다. 공곡선사(空谷禪師)가 이른 것 같이 :「염불하는 자가 누구인가(念佛是誰)를 참구하는 것이 불필요하니, 바로 순전히 일념이 되면, 역시 깨달을 날이 있다.」이것이다.

이념(理念)은 별도로 화두를 드는 것이 불필요한데, 단지 아미타불 한마디를 곧 염하고 돌이켜 관하면(即念反觀), 능념(能念)의 마음 외에 내가 소념

(所念)하는 부처가 없어서 마음이 곧 부처이고, 소념(所念)의 부처 외에 부처를 능념할 수 있는 마음이 없으니 부처가 곧 마음으로, 능소(能所) 둘 다 잊으면 마음과 부처가 일치하는데, 이것이 즉 중도(中道)이며 이성염불(理性念佛)이다. 종일 염불하는데, 종일 염불하지 않으면서(無念) 종일 부처 없는 염이 가능하고(無佛可念), 종일 염하지 않으면서(無念) 종일 생각 생각에 염불한다(念念念佛) ;

만약 그것이 있다(有)고 말한다면, 즉 능념의 마음(能念之心)은 전혀 얻을 수가 없고(了不可得), 소념의 부처(所念之佛)는 상을 떠나고 명자가 끊겼다(離相絕名) ; 만약 그것이 비었다(空)고 말한다면, 즉 능념의 마음(能念之心)은 영영하여 어둡지 않고(靈靈不昧), 소념의 부처(所念之佛)는 역력하고 분명하다(歷歷分明). 이와 같은 염불은 공과 유를 세우지 않고(空有不立), 마음과 부처는 한 가지여서(心佛一如), 즉 **지명염불은 실상(實相)에 통한다.** 비록 네 가지 염불이 있으나 뒤의 것이 앞의 것보다는 깊은데, 그러나 이념(理念)의 공(功)을 이루는 것은 역시 앞의 것이 뒤의 것보다 철저하다.

삼매 : 이는 범어인데, 정정(正定)을 말한다. 즉 일심불란(一心不亂)인데, 염불의 공(念佛功)을 이룬 것이다. 역시 사일심(事一心) 염불삼매가 있고, 이일심(理一心) 염불삼매가 있다. 무엇을 **사일심 염불삼매**라 이르는가? 염불법문을 설하는 것을 듣고서, 가로로 삼계를 뛰어넘어 신속하게 생사를 벗어남을 곧 깊이 믿어서 의심이 없어, 정토에 태어나기를 발원하여서, 전심으로 생각을 매어두고(專心繫念), _{전심계념} 구절마다 분명하며, 생각마다 서로 이어져서, 가고, 머무르고, 앉고, 누움에 있어 오직 이 한 생각 (一念)으로, 다시 다른 생각(二念)이 없어, 즉 한 생 _{일념}   _{이념} 각으로 뭇 생각을 제거하고, 안에 있는 미혹과 바깥의 경계로 인하여 잡다한 산란함을 이루지 않는 것이다. 《성구광명정의경(成具光明定意經)》에서 이른 것 같이 :「한가하고 고요함(空閒寂寞)에서 하나 _{공한적막} 의 그 마음 ; 뭇 번뇌 속에서 하나의 그 마음 ; 심

지어 비방과 이익을 잃는 것, 선악 등의 곳에서도 하나의 그 마음」이것이다. 이것은 사(事)상에서 즉 얻는 것으로, 이(理)상에서는 철저하지 않는데, 오직 믿는 힘(信力)은 성취하나 도를 못 보는 까닭이다 ; 단지 정문(定門)에 속하는데, 혜(慧)가 없는 까닭이다 ; 겨우 망상을 조복할 수 있을 뿐으로 망상을 깨뜨리지는 못한다 ; 정토에 왕생하는 것은 구품연화 중에서 즉 중삼품(中三品)에 머문다. 공력(功力)의 깊고 얕음에 따라 상·중·하로 나뉜다 ; 그러나 하품(下品)의 삼품(三品)은, 곧 사이일심(事理一心)을 얻지 못한 염불삼매자가 생겨나는 곳이다.

이일심(理一心) 염불삼매는 무엇을 말하는가? 염불 법문이 곧 위 없이 깊은 미묘한 선(無上深妙禪)이라는 말씀을 듣고, 곧 염불할 때에, 진실하게 관찰(諦實觀察)한다. 염불(念佛)은 곧 염심(念心)인 까닭에, 마음과 부처는 한 가지이고(心佛一如), 능소가 둘이 아니며(能所不二), 고요하면서 항상 비추는데

(寂而常照) 이것은 염하지 않으면서 염하는 것이며(無念而念), 비추면서 항상 고요한데(照而常寂) 이것은 염이 곧 염하지 않는 것으로(念即無念), 부처가 즉 마음이고(佛即是心) 마음이 즉 부처임(心即是佛)을 요지(了知)하고, 마음과 부처에 대한 견해가 없어지며(心佛見泯), 능소의 감정이 사라지고(能所情亡), 적연부동(寂然不動)하여, 담연상주(湛然常住)한다. 이것은 전적으로 사상(事相)이 아니며, 순수하게 이관(理觀)을 닦는 것으로, 관하는 힘(觀力)을 성취하는데, 능히 진리(諦)를 볼 수 있는 까닭에, 혜문(慧門)으로 거두는 것에 속한다 ; 정(定)을 얻는 것을 겸하는 까닭에, 유심정토(唯心淨土)에 안주하고, 자성미타(自性彌陀)를 친견한다. 정토에 왕생하여 바로 상삼품에 있다. 「왕생은 즉 결정코 왕생하나(生則決定生), 가는 것은 즉 실제 가는 것이 아니다(去則實不去).」[23] 십만억 노정 밖의 극락이기는 하나, 역시 일심(一心) 밖을 벗어나지 않는 까닭이다.

---

23) 〈정토문답〉 제532조, 제693조 참조

삼매는 선관(禪觀)의 공통명칭인데, 〈지론(智論)〉에서 이른 것 같이 :「일체 선정(禪定)은 마음을 거두는데(攝心), 모두 삼매라 이름한다」 이것이다. 이것은 염불삼매라 말하는데, 역시 **일행삼매(一行三昧)**라 이름한다. 《문수반야경(文殊般若經)》에서, 부처님께서 문수에게 고하길 : 일행삼매에 들고자 하는 자는, 마땅히 한가함(空閒)에 있으면서, 모든 산란한 뜻을 버리고, 형상과 모양을 취하지 않고, 한 부처님께 마음을 매어두고(繫心一佛), 오로지 명자24)를 칭하는데(專稱名字), 저 방향을 따라, 몸을 단정히 하여 바로 향하니, 한 부처님에 대하여 생각 생각이 이어질 수 있다. 즉 염(念) 중에서 능히 과거·미래·현재의 모든 부처님을 볼 수 있고, 한 부처님을 염하는 공덕은 무량한 부처님을 염하는 공덕과, 그 공덕에 있어서 차이가 없다. 만약 일행삼매를 얻는 자는 모든 경전과 법문을 모두 다 요지(了知)한 것이다.

---

24) = 명호

문 : 「이 염불을 가르치는 것은 시방불을 염하기 위한 것입니까?」

답 : 「아미타불을 염하기 위한 것이다.」 보광보살(普廣菩薩)이 부처님께 여쭙기를 : 시방은 모두 불토가 있는데, 어찌하여 유독 서방을 찬탄하십니까 하니, 부처님께서 말씀하시길 : 염부제 사람은 마음이 매우 잡다하고 어지러워서, 하나의 경계에 오롯이 마음을 전념하게 하여 곧 왕생을 얻도록 하는 것이니, 만약 시방제불을 염한다면, 경계가 번잡하고 뜻이 산란하여, 삼매를 이루지 못한다. 하물며 제불은 동일한 법신이니, 한 부처님을 염하는 것이 즉 일체 부처님을 염하는 것이기 때문이다. 또 미타 명호를 칭하는 것은 부처님의 본원(本願)에 따르는 것이다.

[아미타부처님께서] 원25)에서 이르길 : 시방중생이 나의 명호를 듣고, 곧 십념(十念)에 이르렀는데, 만약 왕생하지 못한다면 정각(正覺)을 성취하지 않겠

---

25) 아미타불 제48대원 중 제18 십념필생원(十念必生願)

습니다라고 하였다. 십념으로 오히려 왕생할 수 있는데, 하물며 일심으로 그리워하고 생각(一心憶念)_{일심억념}한다면 어떻겠는가. 염불법문은 옛날에 지름길 중 지름길이라 칭하였다. 단지 깨끗한 염불이 계속 이어질 수 있다면(淨念相繼)_{정념상계} 곧 왕생을 얻을 수 있는데, 천리마가 달리는 것이 비록 군마(群馬)를 뛰어넘을 수 있으나 용이 나는 것에는 미치지 못하는 것과 같다 ; 학이 솟구치는 것이 보통의 날짐승을 이미 넘지만, 어찌 붕(鵬)의 거동에 미치겠는가. 천리마가 달리고 학이 솟구치는 것은 나머지 염불을 비유하는 것이고, 여러 무리의 말과 보통의 날짐승은 기타 법문을 비유함이며, 용이 비상하고 붕이 거동하는 것은 지명염불을 비유한다. 오로지 이 지명염불법문은 단지 [나무아미타불] 여섯 자 만덕홍명을 지니는 것으로, 곧 정토왕생을 얻고 원만하게 삼불퇴26)를 증득한다. 그 공부(功)는 간단하나 그 효과는 빠르다.

---

26) 위(位)불퇴, 행(行)불퇴, 염(念)불퇴

수행 가운데 염불이 가장 온당하다

나는 일찍이 꿈속에서 극락세계와
아미타부처님을 뵈었고 설법도 들었다.
그때 아미타부처님께서 "나에게 스스로
수행하여 다른 이를 교화하고 염불의
바른 법을 수지하라"고 말씀하셨다.
그래서 나는 36세부터 선과 염불을
함께 닦았고 삼귀의계를 줄 때나
경전을 가르치는 법회에서 대중에게
발심염불하여 정토에 왕생하기를
발원하라고 권하여 왔다.

수행 가운데 염불이 가장 온당하다.
그러니 마땅히 지명염불持名念佛로
정행正行을 삼고 여러 가지 선업을
닦는 것은 조행助行으로 삼아야 한다.
정행과 조행을 함께 행하면 순풍을
만난 배에 노를 젓는 힘이 더해지는
것이니 극락정토에 왕생할 분만
아니라 그 품계도 높을 것이다.
-원영 광오대사(1878~1953)

진(辰)2. 감응도교를 상세하게 비유함이다. 둘로 나
누어, 사1(巳初). 먼저 두 사람을 비유로 삼고, 2.
어머니와 아들을 비유로 삼는다. 처음은,

**비유하자면 어떤 이가 있어 : 한 사람은 오로
지 그리워하고, 한 사람은 오로지 잊어버리고
있다면, 이 두 사람은 만나도 만나지 못하고,
보아도 못 본 것과 같다.**

　이것은 홀로 그리워하는 것이 무익함을 밝힌 것
이다. 지금 세간의 친구 사이인 두 사람을 비유한
다. 한 사람은 오롯한 마음(專心)으로 그리워하면서
이 친구를 그리워하고 생각하는데, 또 다른 한 사
람은 오로지 다른 일을 생각하여 〔앞의 그리워하
는〕 그 친구를 잊는 것을 비유한다. 이것은 하나는
그리워하고 하나는 잊는 것을 가리키는 것과 같은
데, 이로부터 이 두 사람은 만나도 만나지 못하고
보아도 못 보는 것이다 ; 만나거나 보는 것은 오로
지 그리워하는 자에 대한 말이고 ; 만나지 못하고

못 보는 것은 오로지 잊어버리는 자에 대한 말이다. 두 사람은 부처님과 중생을 비유한다. 그리워하는 것(憶)은 **억념(憶念)**이고, 기억하고 지녀 잊지 않는 것(記持不忘)을 그리워하는 것(憶)이라 말한다. 연분에 매여 버리지 않음(繫緣不捨)을 생각하는 것(念)이라고 말한다.

한 가지로 오로지 그리워하는 것은 부처님이 중생을 그리워하는 것을 비유한다 ; 한 사람이 오로지 잊어버리는 것은 중생이 부처님을 생각하지 않는 것을 비유한다. 부처님이 오로지 중생을 그리워한다는 것에는 두 가지 의미가 있다 :

1. 부처님은 **대비원(大悲願)**을 갖추고 있는 까닭에, 일체중생을 나와 본래 동체(同體)라고 관견(觀見)한다. 나는 지금 이미 정각(正覺)을 이루어, 이미 열반을 얻었으나, 중생은 오히려 윤회 속에 있어 오히려 생사를 마치지 못한 까닭에, 대비원(大悲願)을 움직여서, 오로지 중생을 그리워한다.

2. 부처님은 **평등심**을 갖춘 까닭에, 부처님은 인

지(因地)에서 보살이셨을 때, 오히려 생각 생각에
중생을 버리지 않았다. 하물며 지금 성불하여, 대
지(大地)의 중생을 모두 한 자식으로 보는 까닭에,
평등심으로 오로지 중생을 그리워한다.

중생이 염불하지 아니함에는 역시 두 가지 종류
의 뜻이 있다 :

1. 중생의 장애가 중한 까닭으로, 혹(惑)·업(業)
·고(苦) 세 가지에 묶여 해탈하지 못하니, 인간과
천상의 인과에 대하여도 오히려 닦는 것을 기꺼워
하지 않는데, 하물며 염불법문이겠는가. 그래서 염
불하지 않는다.

2. 중생은 지혜가 어두운 까닭에 이 염불이 수
승한 묘법이고, 번뇌를 끊을 수 있으며, 생사를 마
치고, 불도(佛道)를 이루며, 현생에 염불하면 능히
일체 번뇌와 망념을 끊을 수 있고, 임종에 왕생하
여 가로로 삼계의 윤회생사를 초월하고, 이미 저
[극락]국토에 태어나, 원만하게 불퇴(不退)를 증득
하며, 속히 불도를 이루는 것임에도, 신심을 내지

않고 왕생을 원하지 않는 까닭에 염불을 기꺼워하지 않는다.

　두 사람과 같이, **만나도 만나지 못하고 보아도 못 보는 것** : 이 두 사람과 같이, 즉 부처님이 중생을 생각하나, 중생은 부처님을 생각하지 않는 것을 비유한다. 부처님은 대비원력으로 항상 중생을 생각하여, 사바세계에 다니면서 교화하면서, 곧 중생으로 하여금 만나거나 보게 한다. 미타의 화신인 풍간선사(豐干禪師)가 절강(浙江)성 태주(台州) 천태산(天台山)에 머물면서 비구가 되었으나, 사람들은 모두 알지 못하였다. 이것은 즉 만나도 만나지 못하고, 보아도 못 보는 것과 같다. 모두 염불의 힘과 미타를 뵙는 원을 구함이 없는 것으로부터 말미암는 까닭이다.

　풍간선사(豐干禪師)는 미타의 화신인데, 이는 한산(寒山)의 입에서 나온 말이다. 풍간은 천태산 국청사(國淸寺)의 연미방(碾米房)에서 머물렀다. 항상 호랑이를 타고 출입하였는데, 사람들은 그 까닭을 몰랐다. 하루는 한산(寒山)과 습득(拾得)을 초대하여, 오대산에 함께 조례(朝)하였다.

말하길 : 나와 동행(同行)을 하면, 나의 동류(同流)이고, 나와 동행을 하지 않으면, 나의 동류가 아니다.

한산이 물어 말하길 : 당신은 오대를 향해서 무엇을 하는가?

풍간이 말하길 : 문수에게 조례(朝禮)한다.

한산이 말하길 : 당신은 나의 동류가 아니니, 나는 같이 가지 않는다.

풍간이 홀로 가서, 항주에 이르렀다. 마침 여구윤(閭邱胤)이란 사람이 있었고, 〔그는〕 결원이 생긴 관직이 채워지기를 다년간 기다리는 중이어서,27) 집이 곤궁하여 파산할 지경이었다. 이때 성부(省府)에서 태주부(台州府) 지부(知府)로 파견되어 임명되

---

27) 과거시험에 합격하거나 다른 경로로 관직에 임용되기로 결정된 상태에서 정식임용을 다년간 기다렸다는 의미로 보임

었으나, 갑자기 두통을 앓아 치료가 효과가 없었다. 풍간이 특별히 처방을 조제하였으나, 이 어리석은 사람이 만나는 것을 거절하였다.

풍간이 말하길 : 내가 다른 이의 생명을 구제하기 위하여 특별히 왔는데, 어째서 만나지 않는가?

문지기가 들어가 알리니, 여(閭)가 즉시 맞아들여 만나보았다.

풍간이 말하길 : 당신은 무슨 병입니까?

여(閭)가 말하기를 : 두통이 찢어질 듯합니다.

[풍간이 말하길,] 물 한 그릇을 가지고 나는 당신을 치료하겠습니다 라고 하였다. 곧 주문을 외우는 것을 마치고서, 물을 손바닥에 놓고, 그 머리를 향해 세 번 두드리니, 즉시 통증이 멎었다.

그런 다음에 [여(閭)가] 즉시 감사를 드리고, 묻기를 대사의 법호는 무엇입니까? 어느 절에 머무십니까?

답하길 : 풍간이라 이름하고, 태주 천태산 국청사에 머뭅니다.

여(閭)가 말하길 : 절에는 대사와 같은 도행(道

行)을 가진 이가 몇 분이십니까?

풍간이 말하길 : 나는 도행이 없습니다. 절의 고승은 문수의 화신인 한산이라는 자와 보현의 화신인 습득(拾得) 같은 자가 모두 국청사 내에 있고, 우리나라를 다니면서 교화합니다.

여(閭)는 즉시 예를 갖추 사례를 하였으나, 풍간은 받지 않고 갔다

여(閭)가 임관한지 3일 만에, 곧 국청사에 도착하여 향을 피웠다.

여(閭)가 지객승(知客僧)에게 묻기를, 한산과 습득 두 대사는 어디에 계신가요? 번거로우시더라도 찾아뵙겠습니다.

지객승이 말하길 : 이 두 사람은 실성한 중인데, 대인께서 어떤 분부가 있으신지요?

여(閭)가 말하길 : 예배하고자 합니다.

지객승이 말하길 : 불러오겠습니다.

여(閭)가 말하길 : 그럴 수 없습니다! 나는 마땅히 찾아뵙고 예배해야 합니다.

〔지객승이 여(閭)를〕 부엌으로 모시고 갔다. 한산과 습득은 부엌문 앞에서 불을 지피며 대화를 하면서 웃었는데, 사람들은 모두 말이 어떤 의미인지 알지 못하였다.

지객이 한산과 습득을 불러오게 하여, 대인께서 당신들에게 말씀을 하시려 한다라고 하였다.

여(閭)가 한번 보더니 곧 땅에 정례(頂禮)를 하였고, 두 사람은 곧 도망쳤다.

여(閭)가 쫓아가니, 한산과 습득이 바위〔굴〕에 이르러 들어가면서, 한산이 고개를 돌려 말하길 : 「적이다! 적이다! 적이다! 풍간의 요사한 혀가 말이 많아, 미타를 섬기지 않고 나에게 예배하면 어찌하는가?」여(閭)가 달려가 바위 속을 보았으나 볼 수 없었다.

한산과 습득은 이로부터 마침내 다시 나오지 않았다. 풍간은 역시 이때부터 국청사에 돌아오지 않았는데, 성인(聖人)이 인간을 응화(應化)하는 것이 이미 유출되었으니, 더 이상 머무는 것이 불가능하다.

여(閭)가 산중에 머물면서, 사적(事跡)을 점검하고 조사하여, 곧 산의 돌과 바위, 대와 나무 위, 시골의 벽 위에서, 두 대사의 시 여러 수를 초록(抄錄)하였는데, 모두 불법(佛法)이고, 세상을 풍자하는 뜻으로, 현재 세상에 간행되었다. 이 인연을 기록하여, 부처님은 중생을 염하나, 중생은 부처님을 염하지 않아, 만나도 만나지 못하고, 보아도 못 본다는 것에 대한 사실을 증명하고자 한다.

두 사람이 서로 그리워하여 둘의 그리워하고 생각하는 마음이 깊어져, 이와 같으면 더욱 세세생생 형상과 그림자처럼, 서로 어긋나거나 다르게 되지 않는다.

이것은 쌍방이 그리워하는 것이 여의지 않음을 밝히는 것이다. 두 사람이 서로 그리워하여 둘의 그리하고 생각하는 마음이 깊어지면 : 스스로 보고 스스로 가까이 할 수 있어, 버려지거나 여의지 않아, 곧 **세세생생 형상과 그림자 같다** ; 중생과 부처의 생각(念)함이 같음을 비유한 것이다. 중생이 부처를 생각(念)하는 것이, 부처가 중생을 생각하는 것과 서로 같아, 오래 그리워하여 잊지 않아서, 일체시 일체처에 부처가 마음에서 떠나지 않고 (佛不離心) 더 나아가 형상과 수명이 다할 때까지 역시 잊지 않는다. 이와 같이 더 나아가 금생에서 다른 생으로 형상과 그림자처럼 서로 어긋나거나 여의지 않는다. 더 나아가 자세히 말하자면, 비단 금생에 늘 부처님을 뵐 수 있을 뿐만 아니라, 더 나아가 왕생 후에 항상 부처님의 가르침을 따라 형상과 그 그림자처럼 서로 어긋나지 않고, 서로 여의지 않는다. 이 형상과 그림자가 여의지 않는다 는 비유는 두 가지 의미가 있다 :

1. 중생이 염불하면 반드시 부처를 보게 되고, 중생과 부처가 버려지거나 여의지 않고, 더하여 부처님을 그리워하고 부처님을 생각하면, 현재나 미래에 반드시 부처님을 뵙게 되는 것을 비유한다.

2. 중생이 염불하면 반드시 성불함을 비유한다.

인과가 서로 버려지거나 여의지 않는데, 염불은 인(因)이고 성불은 과(果)로, 대세지보살이 염불심으로 무생법인에 들어가 극락국 중에서 미타의 홍법교화(弘化)를 보조하고, 보광공덕산왕불(普光功德山王佛)을 보조하며 다음 후보불이 되는 것 같이, 즉 염불은 반드시 성불을 이루게 되는데, 인과가 서로 버려지거나 여의지 않는 것이다.

사(巳)2. 다시 어머니와 아들을 비유로 든다.

시방의 여래께서 중생을 가엾게 여기심은 어머니가 자식을 그리워하는 것과 같다. 만약 자식이 도망친다면 그리워한들 무슨 소용이 있겠느냐? 자식이 만약 어머니를 그리워하는 것이 어머니가 그리워하는 때와 같다면 어머니와 자식은 여러 생에 걸쳐 서로 어긋나거나 멀어지지 않는다.

앞 과(科)에서 두 사람의 비유는 친구 사이인데 [이것은 어머니와 자식의 친밀함보다는] 오히려 소원하다 : 이 과(科)의 어머니와 자식의 비유는 골육지간이라 더욱 친근하다. 위 다섯 구[28]는 앞에서와 같이 홀로 기억하는 것이 무익하다는 것을 비유하고, 아래 네 구[29]는 앞과 같이 쌍방이 그리워하여 여의지 않음을 비유한다. 또 앞머리 세 구[30]는 앞의 '오로지 그리워하고(一專為憶)'와 합치하고, 다음 두 구[31]는 앞의 '한 사람은 오로지 잊어버리고(一人專忘)'와 합치한다. 여래는 어머니이고, 중생은 자식이다 ; 세간에서 자애(慈愛)가 최고인 이로는 어머니를 넘지 못하는데, 자식이 가르침을 듣지 않아도 오히려 다시 생각 생각에 버리지 않으

---

28) 시방의 여래께서(十方如來), 중생을 가엾게 여기심은(憐念眾生), 어머니가 자식을 그리워하는 것과 같다(如母憶). 만약 자식이 도망친다면(若子逃逝) 그리워한들 무슨 소용이 있겠느냐(雖憶何為)?
29) 자식이 만약 어머니를 그리워하는 것이(子若憶母), 어머니가 그리워하는 때와 같다면(如母憶時), 어머니와 자식은 여러 생에 걸쳐(母子歷生), 서로 어긋나거나 멀어지지 않는다(不相違遠).
30) 시방의 여래께서(十方如來), 중생을 가엾게 여기심은(憐念眾生), 어머니가 자식을 그리워하는 것과 같다(如母憶子)
31) 만약 자식이 도망친다면(若子逃逝), 그리워한들 무슨 소용이 있겠느냐(雖憶何為)?

신다. 자식이 만약 패역(悖逆)하여, 은혜를 잊고 덕을 깎아내리고 종종 불효하여 어머니의 생각이 혹은 쇠퇴하고 마음에 회한이 생기더라도, 부처님이 중생을 생각하는 것은 어머니를 더욱 넘어서니, 오역죄의 악이 중한 자라도 부처님이 생각하심은 더욱 깊다. 또 어머니가 자식을 생각하는 자애(慈)는 한 세대에 그치나, 부처님이 중생을 생각하는 자애의 마음(慈心)은 다함이 없어 세세생생 퇴전함이 없다. 이것을 **시방여래가 중생을 가엾게 여기심(憐念)**이라고 이르는데 : 연(憐)은 애련(哀憐)이고 염(念)은 호념(護念)으로, 중생은 오랫동안 윤회 속에 있으면서, 여러 고통을 받을 준비를 하고 있는 까닭에, 부처님께서 애련(哀憐)해 하시는 바이다 ; 비록 생사 중에 있으나 불성(佛性)을 잃지 않아, 또 부처님의 호념을 받는 바이다.

《삼매경(三昧經)》에서 이르시길 : 모든 부처님의 마음이라는 것은 대자비이다. 자비가 연(緣)이 되어 고통받는 중생을 연(緣)하는데, 만약 중생이 고뇌를 받음이 화살같이 마음에 들어가 있음을 볼 때, 그 고통을 뽑아내고자 한다. 어머니가 자식이 고통을 받고 있는 것을 보는 것과 같이, 그리워하고 생각하는 마음에는 더욱 차이가 없다.

문 : 앞의 두 사람은, 한 사람이 오로지 그리워하는 것이 미타가 중생을 생각하는 것을 비유합니다 ; 한 사람이 오로지 잊어버리고 있는 것은 중생이 부처를 생각하지 않는다는 것을 비유합니다 ; 어째서 이것[즉 어머니가 자식을 그리워하는 비유]은 시방여래를 이르는 것입니까?

답 : 이것은 두 가지 뜻이 있다 :

1. 즉 미타 한 부처님을 가리킨다. 삼세시방(三世十方)에는 무량한 미타가 있는 까닭이다. 《관경(觀經)》에서 이르길 : 하방의 금광불찰(金光佛刹)로부터 상방의 광명왕불찰(光明王佛刹)에 이르기까지, 그 중간에는 무량진(無量塵) 수의 무량수불의 분신이 있어, 그래서 시방여래라 이른다.

2. 공통으로 시방제불을 가리킨다. 오직 미타 한 부처님만의 비원(悲願)이 이와 같음을 가리키는 것이 아니다는 것을 말하는 것으로, 즉 시방여래께서 가엾게 생각하심(憐念)도 역시 그러한데, 이는 부처님과 부처님은 도가 같은 까닭이다.

만약 자식이 도망친다면 : 중생이 부처님 생각(念佛)을 하지 않고, 악취(惡趣)에 떨어져, 극한 고통을 받는 것을 비유한다.

그리워한들 무슨 소용이 있겠느냐 : 부처님이 중생을 생각해도 혼자 그리워하는 것은 무용하고 이익을 이룰 수 없다는 것을 비유한다.

문 :「도망치는 것과 위의 오로지 잊는 것은 같습니까? 다릅니까?」

답 : 염불을 하지 않으면 부처를 볼 수가 없는데, 비록 부처를 만나도 만나지 못하고, 보아도 못 보는 것으로, 법익(法益)을 입지 못함에 있어서는

같다 ; 그러나 다른 것은 이 사람은 오로지 잊고 단지 염불을 기꺼워하지 않는데, 부처님이 만약 그리워하고 생각하면 혹시 〔이 사람이〕 발심이 가능하여 이익을 이룰 수도 있다. 도망치는 것은 오직 잊을 뿐만이 아니라, 또 부처님을 방해하고 불신함으로써 허물을 초래하고 삼도(三途)에 떨어져, 부처님이 비록 그리워하고 생각해도 역시 또 무슨 소용이며 즉 무익하다는 말이다. **성동노모(城東老母)**[32]같이, 부처님께서 가서 제도하려 해도, 그녀는 부처님을 믿지 않고, 부처님 뵙기를 원하지 않아, 방 속으로 도망하였다. 부처님께서 손으로 벽을 가리키니, 벽은 파리(玻璃)와 같은데, 다시 두 손으로 눈을 가려, 다시 부처님을 뵙기를 원하지 않았다. 이것으로 홀로 그리워하는 것이 무익하다는 것을 충분히 증명한다.

자식이 만약 어머니를 그리워하는 것이 어머

---

32) 왕사성 동쪽에 사는 노파라는 뜻. 정수첩요보은담, 2022, 비움과 소통, 197쪽 참조

니가 그리워하는 때와 같다면 어머니와 자식은 여러 생에 걸쳐 서로 어긋나거나 멀어지지 않는다 : 위의 두 구33)는 앞의 두 사람이 서로 그리워하여, 둘의 그리워하는 생각이 깊어지면34)에 합치한다 ; 아래 두 구35)는 위의 세세생생 여의지 않는다(生生不離)36)에 합치하는데, 이것은 즉 쌍방이 그리워하여 이익을 이루는 것이다. 자식이 만약 어머니를 그리워하고 생각한다면, 어머니가 자식을 생각하는 마음과 같을 수 있어, 마음과 마음이 서로 계합한다. 어머니는 자애로운 어머니이고, 자식은 효자가 되어, 비단 금생뿐만 아니라, 어머니와 자식이 여의지 않고 더 나아가 여러 생에 걸쳐, 모자의 연(緣)이 다하지 않는다. 서로 위배되거나 멀리 여의지 않는다(不相違背遠離)는 두 글자[즉 背와

---

33) 자식이 만약 어머니를 그리워하는 것이(子若憶母), 어머니가 그리워하는 때와 같다면(如母憶時)
34) 두 사람이 서로 그리워하여(二人相憶), 둘의 그리워하고 생각하는 마음이 깊어져(二憶念深)
35) 어머니와 자식은 여러 생에 걸쳐(母子歷生), 서로 어긋나거나 멀어지지 않는다(不相違遠)
36) 염불원통장의 '여러 생에 걸쳐(母子歷生) 서로 어긋나거나 멀어지지 않는다(不相違遠).'를 원영대사님께서 달리 표현한 말

離]를 삭제하여 〔서로 어긋나거나 멀어지지 않는다 (不相違遠)〕이다.

자식은 중생이고 어머니는 부처님으로, 중생이 만약 여래를 그리워하고 생각할 수 있으면, 오히려 여래가 중생을 가엾게 생각하는 것과 마찬가지여서, 즉 중생과 부처가 감응도교하여, 자연히 세세생생 항상 부처를 뵙고, 항상 부처님의 가르침을 따라, 멀리 여의지 않는다. 저 부처님이 이미 염불삼매를 가르치셨는데, 또 소원함과 친근함 두 가지 비유로서, 염불을 하고자 하는 모든 중생이 염불의 공(功)으로 점차 증진하고 날마다 친근하여서, 특별히 부처님을 뵙지 않더라도(非特見佛可必), 다시 성불에 대한 희망이 있다.

염불일문은 지성심至誠心으로
견성성불見性成佛하는 묘법!

대세지보살 大勢至菩薩

중생이 부처님을 염하니
부처님께서 중생의 마음 안에 있고,
부처님께서 중생을 염하니
중생이 부처님의 마음 가운데 있다.
이 마음 그대로 부처가 되니
마음으로 염하지 않으면
부처가 되지 않고,
부처님에 즉하여 마음을 드러내니
부처님의 명호를 칭념하지 않으면
마음은 드러나지 않는다.
즉 염불일문은 지성심으로
견성성불하는 묘법임을 알지라.
-능엄경 세지염불원통장 소초

진(辰)3. 법에 합치함이 깊은 이익을 드러낸다.

만약 중생의 마음이 부처님을 그리워하고 부처님을 생각하면, 현재나 미래에 반드시 부처님을 뵙게 된다.

이 아래는 법에 합치(法合)하는 것이다. 단지 합치하는 것은 쌍방이 그리워하여 여의지 않아서 이익을 이루는 것이고, 합치하지 않는 것은 홀로 그리워하는 것이 무익한 것이다. 위 두 구의 중요성은 심(心)자에 있는데, 반드시 마음으로 그리워하고 마음으로 생각해야 하고, 입으로 염하면서 마음으로 염하지 않는 것과는 구별해야 한다. 그리워함(憶)은 즉 기억하고 지녀 잊지 않는 것(記持不忘)으로, 중간에 끊어지는 때가 있으면 그 그리움(憶)은 곧 일시적인 생각일 뿐이다 ; 염은 즉 연분에 매어(繫緣) 흩어지지 않고, 생각 생각이 계속 이어지면서, 염은 즉 항상 그리워하는 것이다.

만약 중생의 마음이 항상 부처님을 그리워하고, 마음은 항상 부처님을 생각하면, 장차 부처님의 인장(佛印)이 마음 가운데 있어, 이것저것 생각하면서도 한시라도 잊지 않는다. 자운참주(慈雲懺主)께서 이르시길 : 무릇 신변의 인연있는 업무(緣務)를 겪으면서도, 내심에 부처님을 잊지 않으면, 이를 그리워하고 생각함(憶念)이라고 이른다라고 하셨다. 세상 사람들에 비유하자면, 절실한 일을 마음에 매어두면, 비록 말을 하거나, 가고 오고 앉고 누워서, 종종 업무를 하더라도, 은밀하게 그리워함(密憶)을 방해하지 않아, 그 일이 완연하다. 염불의 마음은 역시 마땅히 이와 같아야 한다.

만약 혹시나 생각을 놓치면 빨리빨리 거둬 돌이키고, 오랫동안 습관(性)을 이루어, 그리워하고 생각함(憶念)에 맡기면, 일부러 수고할 필요가 없다. 또다시 마음이 망념(妄念)을 일으키면 즉 다시 염불하여, 진실한 염(真念)으로 망념을 대적하면 망념이 저절로 소멸한다. 만약 다른 이가 고통을 받고 있는 것을 보면, 염불심으로 그를 연민하여 그 고통을 여의기를 발원하여, 이와 같이 계속하면 염불이 마음에 매어 능히 일체 정토의 공덕을 이루어낸다.

이 부처님을 그리워하고 부처님을 생각하는 것(憶佛念佛)은 사(事)가 있고 이(理)가 있다. 앞에서 비록 이미 밝힌 바이지만, 이것을 다시 간략하게 설하면 : 만약 **사로 그리워하고 생각하면(事憶念)**, 즉 오롯한 마음으로 주의하여서, 전혀 어려운 인연이 없고, 능념소념(能念所念)에 마음과 부처가 분명하여, 오직 이 일념으로, 다시 다른 생각이 없고, 생각 생각이 이어지니, 선정의 힘(定力)을 성취한다. 《기신론(起信)》에서 말씀하신 바 : 오롯한 뜻(專意)으로 염불하는 인연이 이와 같다. 만약 **이(理)로 그리워하고 생각하면(理憶念)**, 즉 묘하게 밝은 마음빛(妙明心光)으로 원만하게 자성을 비추고(圓照自性), 능과 소가 하나로 같고(能所一如), 마음과 부처가 둘이 아니다. 오직 이 인연으로 다시 다

른 인연이 없고, 고요하고 영명하여(湛寂靈明), 지
혜의 힘(慧力)을 성취한다. 《기신론》에서 말씀하신
바 : 비록 염이 역시 염을 할 수 없더라도 염이 가
능한 것이다(念亦無能念可念是也).

위에서 해석한 바와 같이, 사(事)와 이(理) 두 가
지 그리워하고 생각함은 세 가지 근기를 두루 가
피한다 : 만약 상근기의 지혜라면 즉 오로지 이(理)
로 그리워하고 생각함을 닦고 ; 혹 어리석은 근기
는 즉 오로지 사(事)로 그리워하고 생각함을 닦는
다 ; 혹시 중간자라면, 즉 먼저 사(事)를 닦고 연후
에 이(理)로 들어간다 ; 모두 기의(機宜)를 따르는
데, 하나로 개괄하여 논할 수 없다.

현재나 미래에 반드시 부처님을 뵙게 되며[37]
: 현재 부처님을 뵙는다는 것은 현재 생 중에 염불
의 공덕이 순숙(純)하여 혹은 꿈속에서 부처를 보
는 것이다. 《법화경(法華經)》에서 이르길 : 꿈속에

---

37) 본문에는 必見定佛로 되어 있는데, 必定見佛의 오기가 아닌가 한다.

서 사자좌에 앉아 둘러싸여서 설법 등을 하시는 제 여래를 본다고 하였다. 혹은 정(定) 중에서 부처님을 뵙는다.

《대집경(大集經)》에서는 기한을 정하여 증득함에 있어 49일을 정하는데, 경전의 문장에서 이르길 : 만약 어떤 이가 오로지 일방불을 전념하면 혹 걷거나 혹 앉거나, 49일에 이르면, 현재의 몸으로 부처님을 뵙고(現身見佛), 즉 왕생을 얻게 된다고 하였다.

또 《반주삼매경(般舟三昧經)》은 90일을 정하는데, 경전의 문장에서 이르길 : 만약 어떤 사람이 스스로 90일을 서원하고, 늘 걷거나 늘 서 있을 때, 일심으로 매어 생각하면(一心繫念), 삼매 중에서 아미타불을 뵐 수 있다고 하였다.

《관무량수경(觀經)》에서 이르길 :「무량수불의 상호광명은 시방계(十方界)에 두루 하여, 염불중생을 거두고 취하여 버리지 않으시니, 선관(禪觀) 중에 모두 뵐 수 있다고 하였다.

여산(廬山)의 초조(初祖) 원공(遠公)대사38)는 일생에 3번 〔아미타불의〕 성상(聖相)을 뵈었고, 3번째에 이르러서는 부처님의 몸이 허공에 두루 차 있는 것을 보았는데, 스스로 왕생의 때가 이른 것을 알고 대중들을 모아놓고서, 부처님을 뵙는 일은 처음부터 끝까지 모든 인연을 사절하고 염불에 정진하는 것이라고 알렸다. 과연 그때가 되자 여러 제자들에게 고별하고, 가부좌한 채 염불왕생하였다.

역시 눈앞의 염불소리 중에 부처님을 뵙는 것은 《왕생집(往生集)》에서 이른 것 같이 : 옛날 갈제(葛濟)의 부인은 일심으로 염불하였는데, 집이 가난하여 종일 베를 짰고, 베틀북을 한 번 던질 때마다, 염불 한 마디를 하여, 여러 해를 행하여도 피곤해하지 않았으며, 그 남편은 도교를 믿었는데 〔아내에게〕 금단(金丹)의 술(術)을 닦기를 권하였다 ; 그녀는 남편에게 부처님을 배울 것을 권하였다. 그 남편이 따르지 않아서 각자의 도(道)를 닦았다. 하

---

38) 중국 정토종 초조 혜원(慧遠)대사

루는 베를 짜고 있었는데, 염불소리 중에 아미타불이 전신을 공중에 나타내는 것을 보았고, 곧바로 예배를 하였다, 갈제를 불러오게 하여 보게 하였는데, 갈제는 부처님의 상반신만을 보았다. 장엄한 빛이 밝았는데, 역시 즉시 예배하였고, 이로 말미암아 믿고 따랐는데, 부부가 동시에 정업(淨業)을 닦았고, 같이 정토에 왕생하였다.[39]

　미래에 부처를 보는 것이란, 혹 업보의 몸이 다하여 죽는 때에 이르러 부처님이 오셔서 맞이하는 것(來迎)을 뵙는 것이다. 《불설아미타경(佛說阿彌陀經)》에서 이르시길 :「명호를 꼭 지니어, 하루에서 칠일까지 한마음이 되어 흐트러지지 않으면, 그 사람이 죽음에 이른 때에 아미타불과 여러 성중들께서, 현재 그 앞에 계셔서, 이 사람의 마지막 때에 마음이 뒤바뀌지 않고 바로 아미타불의 극락국토에 왕생할 수 있다.」라고 하였다. 혹은 연포(蓮胞)에 탁질(託質)하여, 꽃이 피어 부처님을 뵙는데, 일생의 염불이 인

---

[39] 왕생집, 2012, 호미, 385쪽

(因)이 되어 반드시 왕생의 과(果)를 얻는 것과 같은데, 〔죽는 이의〕 제8식[40]이 정문(頂門)[41]으로부터 나오면 화불(化佛)[42]이 오시어 맞이하셔서 구품연화(九品蓮華)[43]에 탁생(託生)[44]하고, 연꽃을 부모로 삼는다.

품위의 높낮이는 일생의 염불에서 근면과 나태함에 따라 구분이 된다. 보배연못의 연꽃은 아울러 아미타부처님께서 변화로 만드신 바가 아니라, 곧 염불중생이 자기의 심력(心力)과 원력(願力)으로 심은 바이다. 시방세계의 중생은 오늘 염불법문을 들었으니, 염불을 발심하여 정토왕생을 구하고 칠보연못 가운데 곧 한 송이 연대(蓮茞)를 맺게 하여, 그 위에 이름을 표기해야 한다. 염불에 정진하면, 꽃이 매우 빨리 피며, 빛깔과 색이 역시 좋다 ; 염불에 게으르면, 꽃이 역시 느리게 핀다 ; 퇴심하여 염하

---

40) 아뢰야식
41) 정수리
42) 부처님이 중생을 제도하기 위하여 변화한 몸
43) 연화 = 연꽃
44) 전생의 인연으로 중생이 모태에 몸을 붙임

지 않으면 꽃은 곧 마른다. 근면하고 나태함을 구분하고, 무성하고 시듦에 대한 견해를 세우는 것은, 명부(冥符)⁴⁵⁾의 묘(妙)에 감응을 위한 것이다. 목숨을 마칠 때의 왕생은 즉 자기의 꽃에 생겨나는 것이다 ;

왕생하는 무리는 착오나 오류가 없어, 수승함과 열등함의 분명한 묘(妙)를 이룬다. 이 꽃은 범부의 껍질에 갇힌 영혼의 궁전(凡殻之靈宮)을 벗어나 혜명의 신택(慧命之神宅)에 안주함이다. 구품에 꽃이 피는데, 품위에 따라 빠르고 느림을 이룬다 ; 연꽃이 한번 피면, 즉 부처님을 뵙고 법을 들을 수 있는데, 원만하게 삼불퇴를 증득한다. 받은 몸은 순수 황금색으로, 32상을 갖추었으며, 수명은 부처님과 같이 무량하다.

반드시(必定)라는 것에는 세 가지 뜻이 있다 :
1. 인과가 상응하는 것이다 : 염불의 인(因)으로

---

45) = 묵계(默契)

부처님의 과(果)를 뵐 수 있는데, 만약 왕생하면 이르거나 느리거나 반드시 성불할 수 있다.

2. 감응도교(感應道交)이다 : 염하는 힘(念力)으로 능감(能感)[46]을 이루어, 현재의 몸이 능응(能應)[47]을 이루니, 감응(感應)의 도(道)에 있어 반드시 착오가 없다.

3. 시각과 본각이 계합한다(始本契合) : 오롯이 이념(理念)으로 본성불(本性佛)을 염하면, 시각(始覺)의 공(功)이 깊어져 본각(本覺)이 드러나는데, 자심(自心) 중에 법신불(法身佛)을 본다. 이것은 모두 일정하게 바꿀 수 없는 이치인데, 그래서 반드시 부처를 뵙는다고 이르는 것이다.

헤어진 부처님과 멀지 않아서 다른 방편을 빌리지 않고도 스스로 마음이 열리게 된다.

위의 과(科)는 사념(事念)으로, 꿈속이나 공(空)

---

46) 감(感)하는 주체
47) 응(應)하는 주체

중에서 또는 임종에 모두 **타불(他佛)**을 뵙는 것이 다 ; 이념(理念)으로 본각이 드러나면, 법신불을 보 는데, 곧 **자불(自佛)**을 보는 것이다. **헤어진 부처님 과 멀지 않다**에는 두 가지 해석이 있다.

1. 이미 꿈속이나 공중에서나 낮에 부처님을 뵐 수 있어서, 즉 이곳에서 저 국토에 왕생하여 가고 꽃이 피어 부처님을 뵙는 일은 멀지 않은데, 〔그와 같이〕 뵙는 부처님은 화신(化身)이지만 이번에 보 는 부처님은 진신(眞身)이다.

2. 이미 이념(理念)을 얻어 본성불을 보고, 이것 을 따라 닦아 나가면, 상상품 연꽃에 왕생하는데, 시간이 지나면 곧 〔꽃이〕 피고, 아미타부처님을 뵈 어 예를 갖추며, 친히 묘법을 듣고, 한꺼번에 무생 법인(無生法忍)을 증득하니, 즉 구경의 부처님 자리 (究竟佛地)에 가는 것이 멀지 않다!

다른 방편을 빌리지 않고도 스스로 마음이 열린다라는 것은 : 사념(事念)과 관련하여, 즉 염불법문은 수승하고 특이한 방편으로, 여러 나머지 방편문을 빌리지 않고, 나의 본성이 드러나도록 돕는다. 오히려 관상(觀像), 관상(觀想), 참구(參究)도 빌리지 않는데, 어찌 기타 법문이겠는가. 이념(理念)과 관련하여, 즉 염불(念佛)은 바로 염심(念心)으로, 마음과 부처는 한 가지(心佛一如)이고, 자타가 둘이 아니다(自他不二) ; 어찌 오직 마음인 자불(自佛)을 떠나 마음 밖에 타불(他佛)을 빌려 방편을 짓겠는가?

스스로 마음이 열려 : 즉 이념(理念)의 공(功)이 성취되는 것이다. 고덕(古德)이 이르신 바, 「한 생각이 상응하면 한 생각 부처이고(一念相應一念佛) 생각 생각이 상응하면 생각 생각이 부처이다(念念相應念念佛).」고 하셨다. 스스로 심불(心佛)이 개발되어 드러남을 얻고, 자불(自佛)을 이룰 수 있는데, 염불심으로 시각과 본각이 합일하여, 구경불(究竟佛)을 이룬다.

향을 물들이는 사람의 몸에서 향기가 나는 것과 같은데, 이것을 향광장엄이라 이름한다.

'부처님을 그리워하고 생각하면 반드시 부처를 이룬다'에 대한 비유이다. 향을 물들이는 사람같이 몸에 곧 향기가 있다 ; 법(法) 중에, 염불하는 사람은 곧 부처님의 분위기를 얻는다 : 부처님 명호를 염하면 곧 부처님 명호의 향기에 물들고, 부처님의 몸을 가까이하면 곧 부처님 몸의 향기에 물들며, 부처님의 마음을 열면(開佛心) 곧 부처님 마음의 향기에 물든다. 염불하는 사람은 몸과 마음 모두 부처님의 향기에 물드는데, 상·중·하 세 가지 근기에 대한 비유이다 :

상근기는 부처님 마음의 향기에 물들고, 중근기는 부처님 몸의 향기에 물들고, 하근기는 부처님 명호의 향기에 물든다. 아래 두 구48)에서 삼매의 이름과 또 곧 법문의 이름이 나온다. 부처님의 법

---

48) 이것을 향광장엄이라 이름한다(此則名曰 香光莊嚴)

신향(法身香), 지혜광(智慧光)으로 자기의 본각불(本覺佛)을 장엄한다. 염불하는 마음은 모양이 없고 형태가 없으며(無相無形), 불생불멸(不生不滅)로 즉 법신이다. 이 마음은 영각의 성품(靈覺之性)을 구족하는데, 즉 지혜이다. 지금 염불하면, 부처님의 법신향, 지혜광으로 자기의 본각심불(本覺心佛)을 장엄하는데, 그래서 향광장엄이라 말한다.

《기신론(起信論)》에서 이르길 : 「세간의 의복은 실제로 향기가 없지만, 만약 어떤 이가 훈습하면, 즉 향기가 있는 것과 같다 ; 무명으로 오염된 법은 실제로 정업(淨業)49)이 없으나, 단지 진여(眞如)로 훈습하는 까닭에 즉 정용(淨用)50)이 있다.」 무명으로 오염된 법이라는 것은 본각심불이 무명의 껍질 속에 감춰져 있다는 것이다. 저 논(論)은 묶인 여래장심(如來藏心)을 밝히고, 지금 〔능엄〕경(經)은 묶여 있는 여래장심을 설명하는데, 그래서 이르길 :「마

---

49) 맑은 업
50) 맑은 작용

음이 열림(心開)」은, 곧 본각심불을 열어 드러내는 것이다.

진(辰)4. 자기의 자리이타를 기술한다.

저는 본래 인지(因地)에서 염불심으로 무생법인에 들어갔습니다. 지금 이 세계에서 염불하는 이들을 거두어 정토로 돌아가겠습니다.

위의 세 구51)에서 첫 번째 구52)는 인(因)이고, 두 번째 구53)는 인(因)을 갖추어 과(果)를 꿰뚫는 것이고, 세 번째 구54)는 모두 자리(自利)에 속하고, 아래 세 구55)는 이타(利他)에 속한다.

저는 본래 인지에서 : 즉 인지(因地)에서의 수행을 자기 스스로 말하는 것이다 ; 염불심으로 본래 인지의 마음을 삼은 것이다. 부처는 소념(所念)이고, 마음은 능념(能念)인데, 이 마음은 제6 의식심

---

51) 저는 본래 인지에서(我本因地), 염불심으로(以念佛心), 무생법인에 들어갔습니다(入無生忍).
52) 저는 본래 인지에서(我本因地)
53) 염불심으로(以念佛心)
54) 무생법인에 들어갔습니다(入無生忍).
55) 지금 이 세계에서(今於此界), 염불하는 이들을 거두어(攝念佛人), 극락 정토로 돌아가게 하겠습니다(歸於淨土).

(意識心)56)이 아니다. 세상 사람들은 염불이 입으로 소리를 내어 하는 것이라 말하는데, 아니다 ; 곧 의식심으로 염하는 것도, 역시 아니다. 능념의 마음은 생멸이 아니고, 원만하고 깊은 근성의 진심(圓湛根性真心)이다. 대세지보살께서 육근(六根)을 모두 거두어 깨끗한 생각이 계속 이어지게 한다는 것을 명백하게 말씀하신 것은 비단 식심(識心)의 염을 설하신 것이 아니다 ; 즉 의근(意根)의 염만을 설하신 것 역시 아니다.

이 [염불원통]장(章)은 근대(根大)법문으로, 만약 의근만을 설하였다면, 즉 [25원통 중에서] 수보리의 의근(意根)법문과 서로 중복된다. **육근을 모두 거두어**에 대한 해석은 아래에 있는데, 이 염불은 곧 제일결정의(第一決定義)라고 하는 바 :「원명각(元明覺)을 얻어 생멸의 성품이 없음을 인지(因地)의 마음으로 삼아 연후에 원만히 성취하고 과지(果地)를 닦아 증득한다」이것이다.

---

56) = 제6식

무생법인에 들어감이란 : 곧 인(因)에 의지하여 감득한 과(果)이다. **들어감(入)**이란 증득하여 들어감(證入)이다. 무생은 들어가는 대상인 이(所入之理)이고, 인(忍)은 혜심(慧心)으로 이 이(理)에 안주하는 것으로, 역시 혜(慧)의 정(定)이다. 염불은 능입(能入)이고, 이 인(忍)은 소입(所入)이다. 무생의 이치는 시종 다름이 없어 곧 나지도 없어지지도 않는다(不生不滅) ; 미혹(迷)과 깨달음(悟)이 차이가 없어 즉 더럽지도 않고 깨끗하지도 않다(不垢不淨) ; 중생과 부처가 평등하여 곧 늘지도 줄지도 않는다(不增不減) ;

법인(法忍)에 증득하여 들어가니, 지위가 수승하다. 본경의 제3점차문(第三漸次文)에서 이르는 것 같이 : 「일체여래의 밀원정묘(密圓淨妙)가 모두 그 중에서 나타난다.」57) 이 사람이 곧 무생법인을 얻

---

57) 능엄경 제8권의, 「아난아, 이렇게 깨끗하게 금하는 계율을 지키는 사람이 마음에 탐욕과 음욕이 없어지면 밖의 여섯 가지 대상인 물질에 대다수가 흘러 빠지지 않게 되리니, 흘러 빠지지 않음으로 인하여 근

는데 원교(圓教)의 초주(初住)라 이르고, 즉 무생법
인을 얻어서 일품의 무명(無明)을 깨뜨리고 일분의
삼덕(三德)을 증득하여, 백계(百界)에 분신을 보이고
팔상성도를 한다. 《인왕경(仁王經)》에서 이르시길 :
무생법인보살은, 소위 원(遠), 부동(不動), 관혜(觀慧)
이다. 원이란, 즉 제7지 원지행(遠地行)이고, 부동은
즉 제8지 부동지(不動地)이고, 관혜는 즉 제9지 선혜
지(善慧地)이다.

　이것으로 관(觀)하는데, 처음부터 끝까지 증득한
바의 이치가 하나이나, 능증(能證)58)의 공행(功行)
에는 깊고 얕음(淺深)이 없지 아니하다. 비유하자면

원을 돌려 스스로 돌아가게 되느니라. 여섯 가지 대상인 물질을 반연
하지 않으면 여섯 개의 감각기관은 상대할 것이 없어져서 흘러감을
되돌려 전일하게 하며 여섯 가지 작용이 행해지지 아니하며 시방의
국토가 밝고 깨끗함이 마치 유리 속에 밝은 달을 달아놓은 듯하여 몸
과 마음이 상쾌해지고 오묘하며 원만하고 평등하여 크게 편안함을 얻
게 될 것이요, 모든 부처님의(一切如來) 긴밀하고 원만하며 깨끗하고
오묘함(密圓淨妙)이 다 그 속에 나타나서(皆現其中) 이 사람은 즉시
무생법인을 얻느니라. 이로부터 점점 닦아서 가는 곳마다 행동을 일으
켜서 성인의 위치에 편안히 서게 될 것이니, 이것이 수행을 증진해
나아가는 세 번째 차례(第三增進修行漸次)이니라.」(능엄경, 2005, 민
족사, 245쪽)
58) 증득하는 주체

코끼리, 말, 토끼, 세 짐승이 강을 건너는 것과 같은데, 강을 건너는 것은 다르지 않으나 물에 들어가는 것은 깊고 얕은 차별이 없지 아니하다. 토끼는 즉 수면으로 건너는데 다리는 물속에 들어가 있다. 말은 목을 물 위로 내밀고 몸은 물속에서 건넌다 ; 코끼리는 즉 전신이 물속에 있고 강바닥으로 걸어서 간다. 뒤의 것이 앞의 것보다 수승한데, 실교(實敎)의 대보살은 철저하게 법류(法流)의 근원 바닥을 꿰뚫는다. 대세지는 등각(等覺)에 머물며, 법인(法忍)을 증득한 바가 마땅히 얕지 않다. 위에서 서술한 자리(自利)는 곧 자리가 이타(利他)로 전환하는 것이다.

지금 이 세계에서 염불하는 사람을 거두어 〔극락〕정토로 돌아가게 하겠습니다 : 이 세계는 본토인 사바 오탁악세를 가리키는 것이다 ; 정토는 서방극락의 오청(五淸)정토를 가리킨다. 거둠(攝)은 거두어들임(攝受)으로 능소(能所)에 통하는데, 능섭(能攝)[59]은 대세지이고, 소섭(所攝)[60]은 염불하는 사람이다 ; 생전에는 자력(慈力)으로 섭수하고, 수행인의 염불심을 견고하게 하여 불퇴하게 한다 ; 임종에는 즉 원력(願力)으로 거두어들여, 수행인의 정념(正念)을 분명하게 하고, 접인하여 왕생하도록 한다.

이 세계는 여관이고, 저 국토는 고향과 같다. 어떤 사람이 아버지를 버리고 도망하여, 타향으로 달아나니, 비가 흩날리는 외로운 들판격이다 : 보살은 친구와 같아, 염불하도록 권하고, 곧 귀가하는 길을 가리키며, 아울러 자량(資糧)을 주어, 바야흐로 고향에 돌아갈 수 있도록 하여, 친히 본래의 부모를 뵙도록 한다.

염불은 곧 믿음(信) · 발원(願) · 수행(行) 세 가지 자량을 갖추었다. 믿음은 즉 염(念)이고 믿지 않음은 즉 불념(不念)인데, 염은 믿음의 자량을 갖추었

---

59) 거두는 주체
60) 거두는 대상

다. ; 염불로 인(囚)을 삼고 원은 왕생의 과(果)를 구하니, 염은 발원의 자량을 갖추었다 ; 생각 생각에 염불하여 힘써 행하고 피곤해하지 않으니, 염은 수행의 자량을 갖추었다. 이 염불로 믿음, 발원, 수행을 갖추니, 즉 이미 귀가(歸家)의 세 가지 자량을 준 것이다. 믿음·발원·수행의 세 가지 자량을 갖출 수 있는 자를 비로소 염불하는 사람이라 이름할 수 있고, 비로소 정토로 돌아갈 수 있다.

또 염불은 곧 세 가지 자량을 갖추어 염불법문을 설하는 것을 듣고, 마음에 의심이 들지 않으면 그것을 믿음(信)이라 한다 ; 믿음으로 이해하여 마음은 즐거이 하고자 하는데, 이를 발원(願)이라 이른다 ; 원으로 염하니, 마음이 부지런히 정진하는데, 이를 수행(行)이라 이른다. 《불설아미타경(彌陀經)》에서 이르길 : 「만약 믿는 자라면(若有信者), 마땅히 발원하여(應當發願),」「명호를 꼭 지닌다(執持名號).」이것이다.

또 염불은 즉 들어(聞), 생각하고(思), 닦음(脩)의 삼혜(三慧)를 갖추고 있다. 부처님 명호를 설하는 것을 들으면 진실로 믿어 의심이 없어 문혜(聞慧)를 이룬다 ; 기억하여 마음에 품고 항상 잊지 않아 사혜(思慧)를 이룬다 ; 지니고 생각하여 그치지 않고, 중간에 끊어짐이 없어 수혜(脩慧)를 이룬다. 〈불지론(佛地論)〉에서 이르길 : 보살은 세 가지 묘혜(三妙慧)를 실행하여 정토에 오가고, 염불인은 반드시 삼혜(三慧)를 구족하여야 바야흐로 정토로 돌아가는 것이다라고 하였다.

大勢至菩薩念佛圓通章

억불념불憶佛念佛
현전당래現前當來
필정견불必定見佛
불가방편不假方便
자득심개自得心開

진(辰)5. 원통을 증득한 바에 대하여 결론 지어 답한
다.

**부처님께서 원통61)에 대해 물으셨습니다. 저는
다른 선택이 없습니다. 육근을 모두 거두어 깨
끗한 염불이 계속 이어지게 하여, 삼마지를 얻
는 것, 이것이 제일입니다.**

첫 번째 구의 문장62)은 묻는 것이다. 〔능엄경〕
제5권에서 〔처음으로 교진나 존자가 원통에 대하
여 말하기에〕 앞서서 부처님께서 물으시길 : 「내가

---

61) 원(圓)은 원만이고, 통(通)은 통달인데 통달은 깨달음이다. 원통은 일
체법에 미혹하지 않고 일체법의 이(理)와 사(事)에 모두 통달·명료한
것을 말한다. 진실로 통하지 않은 바가 없고 깨닫지 않은 바가 없어야
원만한 통달이다. 원통이 바로 능엄대정(楞嚴大定)이고, 무생법인이고,
이일심불란의 경지이다. (출전: 능엄경 염불원통장 소초대의 강기,
2019, 비움과 소통, 133~134, 188~189, 214~215쪽. 불교바로알
기, 110쪽). 원영대사님은 「아난과 능엄회상에 참여한 대중들이 부처
님의 개도(開導)와 지시에 힘입어 근의 역류(根逆流)를 선택하여, 여섯
가지 매듭을 풀어 모두 없앴고(六解一亡), 매듭을 차례로 풀어, 혜각
원통(慧覺圓通)을 증득하였다. 혜각(慧覺)은 즉 근성(根性)의 묘지(妙
智)를 비추는 것이고, 원통은 〔무생〕법인(法忍)의 묘리(妙理)를 증득하
는 것이다.」라고 하신다. (출전: 大佛頂如來密因修證了義諸菩薩萬行首
楞嚴經講義 第14券).
62) 부처님께서 원통에 대해 물으셨습니다(佛問圓通)

지금 너희들에게 묻는데(我今問汝), 최초 발심하여
(最初發心) 18계를 깨달음에 있어(悟十八界), 무엇
으로 원통을 이루었는가(誰爲圓通)? 어떤 방편을
따라(從何方便), 삼마지에 들어갔는가(入三摩地)?」라
고 하셨다.63) 이 문장이 묻는 것이다. 다음 세
구64)는 본래의 인연을 서술하는데, 뒤의 두 구65)
는 증득한 바를 밝히는 것이다.

  저는 다른 선택이 없습니다라는 것은 : 부처님께
서 앞에서 육근공덕(六根功德)을 미리 드러내어, 들
어갈 수 있는 것에 대하여 상세하게 선택할 것을
부촉하였는데, 자신66)이 밝혀서 너희 〔중생〕들을
증진시키시겠다는 것이다. 내가 본래 인지에서 근
(根)을 따라 수행하고 증득하였는데, 단 선택은 없
었다. 육근을 모두 거두어 : 밖으로 눈·귀 등 육
근의 상(相)을 택하지 않고, 안으로 보고 들음 등의

---

63) 능엄경, 2005, 민족사, 162쪽 참조
64) 저는 다른 선택이 없습니다(我無選擇), 육근을 모두 거우어(都攝六根),
    깨끗한 생각이 계속 이어지게 하여(淨念相繼)
65) 삼마지를 얻는 것(得三摩地), 이것이 제일입니다(斯爲第一)
66) 대세지보살

육근의 작용(用)을 택하지 않는다 ; **모두 거둠**이란 ; 오직 하나의 정명(精明)을 거두어, 근에 기대고 (託根) 진에 연하지(緣塵) 않아, 즉 하나의 정(精)을 이미 거둬서, 여섯 가지 작용이 행하여 지지 않으니, 육근을 모두 거둔 것이다.

깨끗한 생각이 계속 이어짐이라는 것은 : 여러 가지 생각이 생기지 않는 것을 정(淨)이라 말하고, 한마음이 부처에게 매어 있는 것을 염(念)이라 하는데, 생각 생각이 계속 이어져 중간에 끊어짐이 없다 ; 한 생각이 상응(相應)하면 한 생각이 부처이고, 생각 생각이 상응하면 생각 생각이 부처이다 ; 상응은 곧 마음과 부처가 한 가지로, 곧 마음이 부처이고 곧 부처가 마음으로, 염하면서도 염하지 않음 (念而無念)이고, 염하지 않으면서도 염하는 것 (無念而念)이다. 공과 유의 양쪽(空有二邊)에 떨어지지 않아 전부 중도(中道)로 돌아가는데, 곧 이일심 (理一心)이다.

삼마지를 얻는 것 : 곧 인(因)을 의지하여 과(果)를 감득하는 것인데, 본각(本)으로 말미암아 인(因)을 닦아, 원통(圓通)의 과(果)를 증득한다. 범어(梵語)인 삼마지는 등지(等持)라 이르는데, 또 등지(等至)라 이르며, 등지(等持)는 즉 정혜(定慧), 균등(均等), 임지(任持)로, 혼침과 탁거(掉擧)를 둘 다 여의었다 ; 지(至)는 곧 도달(到)이고, 정과 혜의 평등(定慧平等)함으로 말미암아, 수승한 정(定)에 도달하는 까닭이다.

이것이 제일이다 : 이것은 육근을 모두 거두는 염불법문이 가장 제일임을 가리키는 것이다.

문 :「〔능엄경에서는〕문수께서 원통을 고르고 택하시어, 곧 관음의 이근(耳根)을 선택하셨고, 게(偈)에서 말하길 : 열반심을 이루는 것은 관세음이 최고이다고 하셨습니다. 〔그런데〕지금 염불법문을 어찌 제일이라 칭하는 것입니까?」

답:「만약 이 세계의 근기(機), 사바세계의 중생에 대한 것이라면, 이근이 예리하기 때문에, 그래

서 관음이 선택된 것이다. 만약 시방세계를 통하여 논하자면, 염불법문이 육근을 모두 거두어 횡으로 삼계를 초월하고, 직접 생사를 끊고, 속히 보리를 증득하니, 더 추가할 어떤 다른 법문이 없어서, 그래서 제일이라고 칭한다.

묘(卯)7 대세지보살의 근대원통을 마치며, 아울러 앞의 23위(位), 축1(丑初)의 제 성인(諸聖)에 대한 간략한 서술을 마친다.

출가자든, 재가자든, 남자든, 여자든 상관없이
모두 이 경전을 독송하지 않을 수 없습니다.
왜냐하면 세 가지 근기를 두루 덮어주기 때문입니다.
온갖 병을 치료할 수 있으며,
고통을 뽑아내고 즐거움을 베풀어 주기 때문입니다.
어둠을 깨뜨리는 밝은 등불이고,
업의 바다를 건너는 자비의 배이기 때문입니다.
실로 일승요의一乘了義이고,
모든 선업 · 선행(萬善)의 총문總門이기 때문입니다.
그래서 시방세계 제불께서 찬탄하기 때문입니다.
- 하련거夏蓮居 거사 〈무량수경 합찬合讚〉

보왕삼매참
寶王三昧懺

보왕삼매참
머리말

하련거 거사님께서는 대보살의 화신으로 여겨지시는 분으로, 무량수경의 여러 판본을 근거로 삼아 《불설대승무량수장엄청정평등각경》을 회집하시고, 다시 비심(悲心)이 깊어 말법시대의 정업(淨業)에 대해 배움이 얕은 중생을 가엾게 여기시어 간단하게 수행할 수 있는 〈정수첩요〉를 편찬하시었고, 정수첩요와 합간으로 예참문인 〈보왕삼매참〉을 펴내셨다.

번역에 사용한 원문은 불타교육기금회 인증본(佛陀教育基金會 印贈本)이다. 보왕삼매참에 따라 정성과 공경을 다해 참회하여, 무량한 중죄를 소멸하고 무량한 복덕을 얻게 되기를 간절히 바라는 바이다.

불기 2568년 우란분절에
안양인 박영범 합장

是心是佛
是心作佛

從聞入流 返聞自性

들음으로써 성품의 흐름에 들어가서
돌이켜 자성을 들어야 하네

법문은 무량하나 요점은 마음을 밝히는데 있네.
공이 높고 들어가기 쉬운 것은 염불만한 것이 없구나.
염불의 진실한 가르침의 체體는 청정하게 소리를 듣는데 있으니.
염불삼매를 이루려고 하면 먼저 이근耳根을 닦아야 하네.
하루 모든 시간 가운데 부처님의 명호가 역력하고
소리는 구멍을 넘지 않아도 귀로 듣는 것이 항상 가득차면
인연따라 자재하고 듣는 성품 안으로 훈습되네.
생각이 전일하고 상념이 적정寂靜하면
쌓인 정情은 원융하고 밝아지니
부처는 본각本覺이며, 염하는 것은 시각始覺이라.
염념念으로써 들음을 열고, 들음으로써 염을 닦으면
듣는 것이 바로 염하는 것이며, 염하는 것이 듣는 곳에서 이루어져
염이 있으면 반드시 듣게 되며, 들음이 없으면 염함이 아니네.
염함이 있어도 염이 쉬어지고, 들음이 없어도 들음이 다하네.
들음으로써 (성품의) 흐름에 들어가서
돌이켜 자성을 들어야 하네.
오직 소리 소리에 자기를 일깨우면
바로 생각 생각이 항상 깨달으며,
단지 전도망상을 따르지 않으면
즉 이것은 무명을 뒤엎어 깨뜨리는 것이네.
처음에는 번뇌를 등지고 깨달음으로 향하나
계속 나아가면 시각始覺이 본각本覺과 합해지며
오래되면 시각始覺과 본각本覺도 서로 없어져서
자연히 능(能: 주체)과 소(所: 객체)를 모두 잊게 되네.
- 하련거夏蓮居 대사大師의 「청불헌기聽佛軒記」

보왕삼매참(일명 장수참長壽懺)

보살계 제자 하련거 찬(撰)
안양인 박영범 옮김

◎ 예참을 닦음에 있어 모름지기 알아야 하는데, 예참(禮懺)을 하려는 자는 모름지기 방편을 알아야 한다. 깨끗한 곳을 선택하여 도량을 세운다. 미리 목욕재계하고 깨끗한 새옷을 입는다. 새것이 없을 것 같으면 헌것을 세탁하여 청결하게 하고, 다만 더럽지 않다면 수선한 것도 무방하다. 도량결계(道場結界)를 하여 고기를 엄하게 금하고, 무릇 오신채를 먹고 담배나 술을 먹고 즐기는 자는 절대 참가하지 말아야 하는데, 그렇지 않으면 도를 장애하고 업을 일으키니, 자기와 다른 사람에게 불리하다. 함께 닦는 정려(淨侶)[67]는 반드시 의지가 돈독

---

67) 정업수행을 함께 하는 동수(同修). 본문에서는 '정업대중'이라는 표현

하고 행동이 순수하며 규율을 준수해야 한다.

악습이 끊어지지 않았다면 도심 또한 어떠한지 알 수가 있는 것이다. 탐내는 것이 많아 억지로 예참의식에 초청을 많이 하면 그들은 쉽게 비웃고 싫증을 낸다. 중요한 법을 위하는 까닭에 차라리 모자랄지언정 지나치지 말아야 한다.

예참의 요지에 대해서는 반드시 친근하게 알아서 미리 연구하고 토론하며, 전체를 순서에 따라 열람하여 잘못되고 빠지지 않게 해야 한다. 예송(禮誦)을 볼 때마다 어수선하고 그릇됨이 이어져 이미 법답지 않다면 어찌 감응이 있겠는가. 그러므로 예습(預習)은 극히 중요하니, 하지 않으면 절대 안 된다. 도량의 설비는 극히 장엄하게 하라. 향·꽃·등불·물은 살펴서 주도면밀하게 해야 한다. 힘써 할 수 있는 일이라면 인색해서는 안 된다.

도 보임

단(壇)에 임할 때는 몸과 마음을 조복하고 모든 인연과 생각을 쉬어라. 단에 들어가서는 각자 편안하게 조용히 하며 제 희론(戱論)을 끊는다. 모든 때에 정념(正念)을 보호하는데 힘쓰고, 찰나의 때라도 어지럽거나 게으르고 산란하여 여러 잡생각을 일으키지 말아야 한다.

앞뒤 차례대로 모름지기 계의 덕에 의지해야 한다. 예의가 없거나 본분을 넘거나 정도를 넘지 말아야 하며, 또 세상일을 상대하여 시간을 낭비함으로써 대중을 방해하지 말아야 한다. 예송(禮誦)할 때는 마땅히 자구를 분명하게 하고, 음성은 조화롭게 하며, 느리거나 급하게 하지 말고, 문장과 연계하여 이 음성으로 법계를 충만하게 하고, 삼보에 공양하며, 널리 군생(群生)68)에게 베풀어 대승일관

---

68) 참성품을 잃어버리고 망령된 온갖 생각이 분주하게 일어났다 꺼졌다 하기 때문에, 온갖 세계에 돌아다니면서 났다 죽었다 하는 무리들, 곧 정식(情識)이 있는 것들은 모두 함령(含靈)이라 한다. 그러므로 사람뿐 아니라 모든 동물과 귀신들과 하늘 사람들까지 합쳐서 하는 말인데, 유정(有情), 중생(衆生), 함식(含識), 군생(群生), 군맹(群萌), 군품(群品) 같은 여러 가지 말로 쓴다. 부처님은 구제의 대상을 인류에게만 한정하는 것이 아니라 이와 같은 중생 전부를 가르치고 건지시는 것이다.

경계(大乘一實境界)에 들어가게 하라.

　또다시 마땅히 알아야 하는데, 도량 중에서 연등을 단단히 매다는 것, 꽃을 뿌리고 향을 사르는 것, 물을 나르고 땔감을 운반하는 것, 땅을 청소하고 법당에 다니는 것, 단을 보호하고 손님을 응대하는 것, 부엌일을 주관하는 것은 스스로 복전을 배가하는 것으로 공이 헛되지 않는다. 단지 모름지기 동작을 살펴보아야 모범을 보일 수 있다. 털끝만큼의 선행도 정토에 회향하라. 미래세가 다하도록 복보가 무량하다.

큰 바다에서 목욕하는 사람이
이미 온갖 시냇물을 쓰는 것처럼
부처님 명호(아미타불)를 염하는 사람은
반드시 온갖 삼매를 이루리라
맑은 물을 맑히는 구슬을 흙탕물에 넣으면
흐린 물이 맑아지지 않을 수 없는 것처럼
염불念佛을 산란한 마음에 던지면
산란한 마음이 부처가 되지 않을 수 없다
-비석화상, 고성염불보왕삼매론

부처마음 이루리
온갖삼매 얻고
아미타불 念하면

보왕삼매참 (일명 장수참)

도량(道場)이 엄정(嚴淨)한 가운데 일체를 공손히 삼가며, 한마음으로 진허공변법계의 시방삼세에 상주하시는 삼보님께 공경히 예배드리옵니다. (3번 절한다)

향찬

계율과 선정의 진실한 향기를 경건하고 정성스럽게 수행하여 공양하옵니다. 듣고 훈습하여 선근이 모두 널리 자라나게 하시옵소서. 향기로운 마음빛이 남김없이 시방에 두루 차고, 저희들의 정성이 부처님의 자비에 감응하니 가호가 있어 늘 길상하옵니다.

　　나무향운개보살마하살 (3번 부른다)

이 향과 꽃의 구름이 마음을 따라 허공에 두루 하옵니다. 일체 부처님과 경법(經法)과 현인과 성인(賢聖) 대중께 공양하오니, 널리 여러 함식(含識)들을 훈습시켜 함께 보리심을 발하여 염불로 극락왕생하고, 다시 돌아와 유정을 제도하기를 원하옵니다.

【주참송백(主懺誦白)69) : 과송본(課誦)을 닦아 익힘에 있어(修習) 반드시 삼업(三業)을 청정하게 하고, 단정하고 장중하며

─────────
69)【 】는 예참 주관자가 읽어서 알리는 부분임

근엄하게 부처님이나 하늘을 대하는 것
같이, 존귀한 얼굴을 대하는 것 같이 합
니다. 찬탄하는 게송을 생각하고 불러,
문장을 따라 마음을 움직이며, 소리에 의
지하여 관상(觀想)을 하고, 절대로 입에
발린 말로 마음대로 하여 법익(法益)을
잃어서는 안 됩니다. 이하 예배하는 각
조는 경건하게 경문(經文)과 법어(法語),
부처님 이름의 성호(佛名聖號)를 고르게
수집한 것이므로, 더욱이 응당 깊고 정중
하며 경건하고 정성스럽게 희유하여 만나
기 어렵다는 생각을 지어야 하며, 오직
천친보살의 오념법문(五念法門)70)의 요지

___

70) 오념이란 첫째 예배, 둘째 찬탄, 셋째 발원, 넷째 관찰, 다섯째 회향
   이다. 그래서 모두가 오념에 의해 반드시 왕생하는 것을 수행할 수 있
   는데, 이것이 오념이다. (출전: 정수첩요 보은담, 2022, 비움과 소통,
   54쪽)

에 합치하여야만 능히 드러나지 않게 옮겨서 조용히 운용하는 중에 불가사의한 감응을 스스로 얻을 수 있습니다.】

석가여래가 증명하고 건립하신 도량에 한마음으로 공경히 예배하옵니다.

(3번 부르고 3번 절한다)

석가대찬(釋迦大讚)

석가세존께서는 각황(覺皇)이라 칭하시옵고, 각행(覺行)71)이 원만하시어 헤아리기 어렵습니다. 사바세계 업의 바다에서 배를 만드시고, 법륜을 굴리시며 보배의 창고를 여시었습니다. 구법계의

---

71) 깨달음과 실천행

도사(導師)이시니 인간과 천상이 우러 릅니다. 망상을 깨뜨려 진상(眞常)을 보 이시니 제불의 칭찬이 시방에 두루 하 고, 지름길로 낙방(樂邦)[72]을 가리키시 니, 큰 은혜와 큰 공덕을 잊을 수 없어 오직 부지런히 선양할 뿐이옵니다.

【주참송백 : 대중들이 장궤합장하고, 삼가 《무량수경》 원문으로서 경건하게 부처님 을 찬탄하며, 광대한 원을 발하옵니다. 찬송하여 이르오니 : 】

여래의 미묘한 색신이 단엄하심은 일체 세간에 비교할 것이 없습니다. 광명이 무량하여 시방을 비추고 해와 달, 불,

---

72) 극락정토

화주(火珠)가 모두 빛을 숨기옵니다.

세존께서 능히 하나의 음성으로 연설하시니, 유정은 각각 그 부류에 따라 이해합니다. 또 능히 하나의 미묘한 색신을 나타내시어, 널리 중생으로 하여금 그 부류에 따라 보도록 하시옵니다.

제가 부처님의 청정한 소리를 얻어, 법음을 무변계에 퍼트리고, 계율과 선정의 정진문(精進門)을 선양하며, 그 깊은 미묘법에 통달하기를 원하옵니다.

지혜는 광대하고 깊어 바다와 같고, 마음속이 청정하여 세속의 번뇌가 끊어지며, 끝없는 악취문(惡趣門)을 뛰어넘어

속히 보리구경(菩提究竟)의 언덕에 이르
옵니다.

무명과 탐·진·치가 영원히 없고, 미
혹이 다하고 과오가 없어진 삼매력을
갖추시어, 역시 과거 무량한 부처님처
럼 저 군생(群生)을 위해 대도사(大導
師)가 되셨사옵니다.

능히 일체 여러 세간에서 생로병사의
뭇 고뇌를 구제하시고, 늘 보시·지계
·인욕·정진·선정·지혜의 육바라밀
을 행하옵니다.

제도를 받지 못한 유정들이 제도를 얻
도록 하시며, 이미 제도를 받은 자로

하여금 성불하게 하시옵니다. 설사 항하의 모래알같이 많은 성인(聖)들께 공양할지라도, 굳세고 용맹하게 정각(正覺)을 구하는 것만 못하옵니다.

마땅히 삼마지에 안주하고 항상 광명을 발하여 일체를 비추오며, 광대한 청정에 머무는 것을 감득하여 수승장엄이 같은 것이 없기를 원하옵나이다.

윤회하는 여러 취(趣)의 중생부류는 속히 저의 찰토73)에 태어나 안락을 누리도록 하고, 항상 자비심을 운용하여 유정중생을 건지고, 끝없는 고통을 겪고 있는 중생을 다 제도하기를 원하옵니다.

---

73) 불교용어로 '국토'를 의미함

저는 결정코 견고한 힘을 행하니 오직 부처님의 거룩한 지혜로만 능히 증명하고 아실 뿐이며, 설령 몸이 여러 고통 속에 머물지라도 이와 같은 발원심은 영원히 물러나지 않사옵니다. (일어나서 3번 절한다)

【주참송백 : 위의 문장은 아미타불께서 수행의 원인자리에서 국왕이었을 때 세자 재왕여래의 설법을 듣고 기쁘게 이해하여 출가수도하면서, 가타(伽陀)74)로써 부처님을 찬탄하고 발원한 것이옵니다. 비단 사홍서원과 육바라밀뿐만 아니라, 사리(事理)와 인과를 포괄하여 남김이 없습니다.

---

74) 부처의 공덕이나 가르침을 찬탄하는 노래 글귀(출전: 네이버 국어사전, 2023. 2. 4. 확인)

48대원을 발하신 후 극락세계를 성취하심은 역시 여기에서 기초가 비롯됩니다. 매번 염송할 때마다 그 용기와 총명이 뛰어나고 특이함을 알게 되어 결연하게 정진하는 정황이 마치 눈앞에 있는 듯 하옵니다. 마지막 두 구절까지 읽으면 왕왕 사람을 감동하게 하여 눈물을 흘리게 됩니다. 우리들은 이미 부처님의 명호를 염하고, 더욱이 응당 부처님의 발원으로 발원을 삼고, 부처님의 행으로 행을 삼습니다. 공경히 원문을 기록하여 예참의 앞자리에 놓았습니다. 자존(慈尊)75)께서 성불한 인연으로 우리들 수도(修道)의 준범을 지으셨습니다. 문장을 따라 관(觀)함에 들어가니 부끄러워 분발심이 쉽게 일어납니

---

75) 자비로운 세존

다. 모름지기 글자들이 마음속에서 나와 구구절절이 마음 안으로 거둬져 돌아갑니다. 지성으로 간절하게 온몸으로 귀명하옵니다. 저희들은 비록 현재 범부의 오탁악세에 머물고 있으나, 법장보살이 당시에 부처님을 대하시던 것과 마찬가지이옵니다.】

천상천하에 부처님 같은 이가
없사오며(天上天下無如佛),
천상천하무여불

시방세계에도 역시나 비교할 이가
없사옵니다(十方世界亦無比).
시방세계역무비

세간 모든 것을 내가 다
보아도(世間所有我盡見) 일체 부처님
세간소유아진견

같은 이가 없습니다(一切無有如佛者).
일체부유여불자

한마음으로 공경히 예배하옵니다. 사바
세계의 교주이시고 구법계 중생을 이끌
어주시는 스승이신 여래·세존께는 ;
오탁악세에서 팔상을 보이시어 도를 이
루셨습니다 ; 대비심을 일으켜 유정중
생들을 불쌍히 여기시고, 자비한 말씀
을 연설하시며, 법안을 주시고, 악취를
끊도록 하시며, 선도의 문을 열게 하시
옵니다 ; 제 중생을 자기와 같이 보시
고, 짐을 덜어서 모두 피안으로 건너가
게 하시옵니다 ; 제불의 무량공덕을 모
두 얻어 지혜와 성명(聖明)76)이 불가사

---

76) 대단히 현명함(출전: 네이버 중국어사전)

의하옵니다 ; 행하기는 쉬우나 믿기는 어려운 정토법문을 널리 설하시어, 미래의 일체 유정중생들이 모두 이 법문에 의지하여 제도를 받고 해탈하게 될 것이옵니다 ; 큰 은혜와 큰 공덕을 지니신 본사 석가모니부처님이시여!

(1번 절한다)

한마음으로 경건히 예배하옵니다. 과거 아주 먼 무량수겁의 정광여래 등 53분의 부처님이시여! (1번 절한다)

한마음으로 경건히 예배하옵니다. 과거 겁 중에 아미타불께서 수행의 원인자리에서 법장보살이셨을 때 법문을 들려주시었던 본사 세간자재왕여래시여! (1번

절한다)

한마음으로 공경히 예배하옵니다. 극락 교주시여! ; 수행의 원인자리에서 설법을 듣고 즉시 무상정등정각의 마음을 내시었습니다. 진실한 지혜에 머무시면서 끝없는 고통이 있는 생사의 근본을 뽑아버리기를 서원하시었습니다 ; 국왕의 자리를 버리고 사문이 되셨으니 법장이라 불리시었고, 보살도를 닦으셨습니다. 탐·진·치·욕의 여러 생각을 일으키지 아니하고, 색·성·향·미·촉·법에 집착하지 않으시며, 뭇 고통을 헤아리지 않으시고, 의지와 발원에 싫증을 내지 않으시며, 장엄하게 뭇 행을 하시고, 궤범(軌範)을 구족하시며,

공을 쌓고 덕을 거듭함이 무량무변이시옵니다 ; 무량겁에 덕행을 쌓으시고, 발원하신 수승한 대원을 모두 다 원만하게 성취하셨습니다 ; 명호에 만덕을 갖춰 그 명성이 시방에 가득하옵니다 ; 중생들을 극락세계로 접인하여 이끌어 주시는 스승 아미타부처님이시여!

(1번 절한다)

한마음으로 공경하게 예배하옵니다. 시방의 호법보살·금강·용·천·신·지신(祇)이시여 ; 평범한 흔적을 밖으로

보이시면서 안으로 성스러운 가르침을 보호하시고 큰 서원의 가사를 입으시며, 보현행에 머무시면서 군생(群生)을 제도하기 위하여 사자후를 지르시며,

늘 법음으로 제 세간을 깨우치시며, 진실지제(眞實之際)77)를 열어 드러내 보이시는, 인지(因地)에 계신 보살·성현 등 대중이시여! (1번 절한다)

한마음으로 세세생생 살아오면서 만났거나 혹은 현생에 계신 부모님, 스승님과 어른, 가족과 친척, 원수거나 친한 중생들을 대신하여 삼보에 정례하고 애절하게 참회를 구하옵니다. 널리 법계 중생을 대신하여 서방 극락세계에 회향하옵니다. 다 같이 고통의 윤회에서 벗

---

77) = 진실한 본제(출전: 정수첩요 보은담, 2022, 비움과소통, 142쪽). 본제(本際)는 또 원본, 실제, 진제로 번역되고, 불교술어인데, 시간의 최초 시작점, 사물의 최초 원인으로, 제일의 원인에 상당하다. 대승불교에서는, 또 그것을 실상, 아뢰야식, 여래장 등과 동일시 한다는 설이 있다(又譯爲本原、實際、真際 , 佛教術語 , 指時間的最初起點 , 事物的最初原因 , 相當於第一因. 在大乘佛教中 , 又有將它等同於實相、阿賴耶識、如來藏等的說法. 출전: https://zh.wikipedia.org/wiki/本際)

어나 극락정토에 왕생하고, 같이 깨달
음의 언덕에 올라 원만하게 보리를 증
득하옵니다. (1번 절한다)

사홍서원

중생이 끝없으나 다 제도하기를
서원하옵니다(衆生無邊誓願度).
중생무변서원도

번뇌가 다함이 없으나 다 끊기를
서원하옵니다(煩惱無盡誓願斷).
번뇌무진서원단

법문이 무량하나 다 배우기를
서원하옵니다(法門無量誓願學).
법문무량서원학

불도가 위 없으나 다 이루기를
서원하옵니다(佛道無上誓願成).
불도무상서원성

범패 소리가 온화하고 아름다우며, 엄숙하고 깨끗하며, 맑고 화창하며, 애달프고 밝으니 지성스러움을 나타내옵니다. 제불께서 증명하시니 그 소리가 법계에 두루 하여 널리 모든 유정중생을 이익하게 하옵니다.

나무보현왕보살마하살

(3번 부르고 3번 절한다)

만약 부처님의 경계를 알고자 한다면 스스로 그 뜻을 맑게 하여 허공과 같이 하라. 망상과 제 인연(取)을 멀리 여의어서 마음에 모두 걸림이 없도록 하라.

【주참송백 : 오늘 동참한 정업대중(淨眾)
정중

이 도량에 모두 모였사옵니다. 대선근, 복덕, 인연이 있어야 바야흐로 따라 기뻐하고 예참에 참가할 수 있사옵니다. 만약 셋 중 하나라도 모자라면 결코 제때에 올 수가 없사옵니다. 이것은 꾸민 말이 아니고 매우 많은 실제 증거가 있사옵니다. 매번 오래전에 이미 예정되었던 기일이라도 갑자기 일시적으로 장애가 생기거나, 혹은 집안일로 인하여, 혹은 마장이나 번뇌를 일으키거나, 혹은 병과 재난에 시달리거나, 혹은 사건에 연루되거나, 혹은 자질구레한 일이거나, 결국 초심이 바뀌거나, 도중에 나쁜 벗을 만나게 되는데, 무릇 이것들은 모두 선근이 결핍되어 있

고, 복덕이 박하여 갖가지 인연이 충분치
않은 것이옵니다. 우리들이 오늘 수승한
인연을 만난 것은 실로 과거 겁에 이미
선근을 심은 것으로 말미암은 것이고, 또
부처님 위신력의 명훈가피를 입은 까닭으
로 다행히 기연(機緣)78)이 성숙되었사옵
니다. 마땅히 크게 축하하고 위로하며 크
게 감격해야 할 것입니다. 스스로 분발하
고 스스로 힘써야 하며, 스스로 중요시하
고 스스로 귀하게 여겨야 합니다. 모든
곳이 여법(如法)하고 항상 호념(護念)하옵
니다. 율의(律儀)를 잃지 말고 경망하거나
비웃거나 미워하지 말아야 합니다. 과연

---

78) 여기서 기(機)는, 근기(根機) 또는 기연(機緣)으로 옮길 수 있겠다(옮
긴이 주). 기(機)는 기회, 연(緣)은 인연, 학인이 스승의 교화를 받을
수 있는 기회(출전: 운서주굉 지음, 연관 옮김, 「죽창수필」, 2019, 불
광출판사, 316쪽 각주1)

마음을 한 곳에 제어하면, 반드시 길상하고 원만함을 얻게 될 것이옵니다. 그러나 도량의 뜻(意義)에, 혹 명료하지 않음이 있을지도 모르니, 삼가 《불가사의해탈경 · 보살품》의 경문을 인증의 자료로 활용합니다.】 (장궤長跪79)한다)

경에서 말씀하시길 : 직심(直心)이 도량이니, 허망과 거짓이 없는 까닭이다. 행을 시작하는 것이 도량이니, 능히 일을 이루는 까닭이다. 심심(深心)이 도량이니, 공덕을 증익하게 하는 까닭이다. 보리심이 도량이니, 착각과 오류가 없는 까닭이다. 보시가 도량이니, 보답을

---

79) 양 무릎을 나란히 세워 땅에 붙이고 상반신을 곧게 세우는 예법
(출전: https://dictionary.goo.ne.jp/word/長跪)

바라지 않는 까닭이다. 지계가 도량이니, 발원을 이룸이 갖추어지는 까닭이다. 인욕이 도량이니, 모든 중생심에 걸림이 없는 까닭이다. 정진이 도량이니, 게으르지 않는 까닭이다. 선정(禪定)이 도량이니, 마음이 조화롭고 부드러운 까닭이다. 지혜가 도량이니, 지금 제법을 볼 수 있는 까닭이다. 자(慈)가 곧 도량이니, 중생과 같기 때문이다. 비(悲)가 곧 도량이니, 피곤함과 고통을 인욕하는 까닭이다. 희(喜)가 바로 도량이니, 법을 기뻐하고 즐거워하는 까닭이다. 사(捨)가 도량이니, 증오와 애정이 끊어지는 까닭이다. 신통이 곧 도량이니, 육신통을 성취하는 까닭이다. 해탈(解脫)이 곧 도량이니, 능히 등지고 버릴(背捨) 수 있는 까닭이다. 방편(方便)이 곧 도량이니, 중생을 교화하는 까닭이다. 사섭(四攝)80)이 곧 도량이니, 중생을 섭수하는 까닭이다. 다문(多聞)이 곧 도량이니, 들은 대로 행하는 까닭이다. 복심(伏心)이 곧 도량이니, 제법을 바로 관(觀)하는 까닭이다. 사제(四諦)81)가 곧 도량이니, 세간을 속이지 않는 까닭이다. 삼십칠도조도품(三十七品)이 곧 도량이니, 유위법(有爲法)을 버리는 까닭이다. 연기(緣起)가 곧 도량이니, 무명(無明)과 노사(老死)가 모두 다함이 없는 까닭이다. 제 번뇌가 곧 도량이니, 여실(如實)하다는 것을 아

---

80) 보시(布施), 애어(愛語), 이행(利行), 동사(同事)
81) 고(苦) 집(集) 멸(滅) 도(道)

는 까닭이다. 중생이 곧 도량이니, 무아(無我)를 아는 까닭이다. 일체법이 곧 도량이니, 제법이 공함을 아는 까닭이다. 항마(降魔)가 곧 도량이니, 기울고 흔들리지 않는 까닭이다. 삼계가 곧 도량이니, 삼악취가 없는 까닭이다. 사자후가 곧 도량이니, 두려운 바가 없는 까닭이다. 10력(力)·4무외(無畏)·18불공법(不共法)이 곧 도량이니, 여러 과오가 없는 까닭이다. 삼명(三明)82)이 곧 도량이니, 장애가 없는 까닭이다. 일념으로 일체법을 아는 것이 곧 도량이니, 일체지(一切智)를 성취하는 까닭이다. 이와 같이 선남자와 보살이 제 바라밀에 응하여 중생을 교화하고 모든 일을

---

82) 천안통, 숙명통, 누진통

할 때는, 한 발 들고 한 발 내디디면서 마땅히 모두 도량에 참가하여 불법 속에 머물러야 함을 알아야 합니다. (장궤한 상태에서 절한다. 83))

어떻게 도량을 세웁니까? 제 유정으로 하여금 이 인연으로 삼보를 친근하게 합니다. 아직 발심을 하지 않은 자에게는 선근의 씨를 뿌리게 하고 ; 이미 발심한 자에게는 그것을 증장하고 성숙하게 합니다. 이 중에서 함께 경건하게 공양을 닦고 널리 선연을 맺어 복덕을 기르고 싶습니다. 다시 보살의 율의(律儀)를 호지(護持)하여 재물과 법 두 가지 보시를 성취하여 일체 선한 원을

---

83) 궤배(跪拜). 무릎을 꿇고 머리를 땅에 대는 예
　　(출전 : https://ja.ichacha.net/chinese/跪拜.html)

발하는 것을 돕습니다. 능히 장애가 많은 유정중생으로 하여금 이 예참을 닦는 법 중에서, 일체 죄, 더러움, 마장을 없애고 대경안(大輕安)을 얻도록 합니다. 향광장엄(香光莊嚴)하고, 법음이 화창(和暢)하며, 능히 산란함을 거두고, 물듦을 떠나서 깨끗함으로 돌아와 쉽게 삼매를 이룹니다. 널리 안으로 수행하고(內修) 밖으로 호지하여(外護), 보고

듣고 따라 기뻐하니, 일체 정업대중은 불가사의하고 비밀한 이익을 고르게 얻습니다. (跪拜 장궤한 상태에서 절한다)

《관무량수경》에서 이르시기를 : '제불여래는 법계신으로 일체중생의 심상(心

想) 속에 들어가 있다.'라고 하셨습니다. 또 이르시길 : '제불의 정변지해(正編知海)는 심상을 따라 생겨난다.'라고 하셨습니다.

《유마힐경(淨名)》에서 또 이르시기를 : '제불의 불가사의한 해탈은 마땅히 중생의 심행(心行) 중에서 구한다. 모름지기 갖가지 음성, 갖가지 사상(事相), 갖가지 위의, 갖가지 장엄, 모두는 자심(自心)의 지혜광명이 드러나 나타난 바임을 알아야 한다. 진실로 본래 구족한 바이니 밖에서 얻을 수 있는 것과 같지 않다.'라고 하셨습니다.

다행히 제불의 자비원력을 만나 인연을 일으켜 의지하옵니다. 소위 인연이 있는 자는 즉 우리와 함께 모여 같이 예참하옵니다. 마땅히 도량을 장엄하는 것이, 즉 자심(自心)을 장엄하는 것임을 알아야 합니다. 자심을 장엄하는 것이 곧 능히 도량을 장엄할 수 있는 것입니다. 자심이 믿음을 일으켜 다시 자심을 믿습니다. 마땅히 이와 같이 알고, 이와 같이 행하고, 이와 같이 믿고 이해하면 곧 원만구경을 얻을 수 있사옵니다. (장궤한 상태에서 절한다)

【주참송백 : 도량의 뜻은 이미 간략하게 해석을 마쳤습니다. 다음으로 마땅히 예참의 종지(宗旨)를 밝히는데, 대강 그 강령을 들면 큰 요지는 다섯 가지가 있습니다. 첫째, 어째서 마땅히 참회해야 합니까? 둘째, 마땅히 어떤 참회를 말하는 것

입니까? 셋째, 무엇을 삼매라 이름합니까? 넷째, 어떤 법에 의지하여 닦아서 삼매를 이룹니까? 다섯째, 삼매는 어찌하여 보왕(寶王)이라 이름합니까?】

첫째, '어째서 마땅히 참회해야 하는가'입니다. 일체 업장을 없애려는 까닭입니다 ; 갖가지 업의 고통은 참회하지 않으면 없앨 수 없는 까닭입니다.

둘째, '마땅히 어떤 참회를 말하는가'입니다. 고통의 과보를 없애려면 먼저 고통의 원인을 제거해야 합니다. 비유하면 나무를 베어 뿌리를 자르면 가지와 잎은 자연히 시드는 것입니다.

셋째, '무엇을 삼매라 이름하는가'입니다. 오로지 근면하고 정일(精一)하여서 혼탁을 떠난 것입니다 ; 정정(正定)과 정수(正受), 평등을 지닌 마음입니다.

넷째, '어떤 법을 닦아서 삼매를 이루는가'입니다. 비유하면 병을 치료하는 것과 같아 마땅히 병의 근원을 살펴야 합니다 ; 또 약을 복용하는 것과 같이 모름지기 금기를 알아야 합니다.

다섯째, '삼매를 어찌하여 보왕(寶王)이라 이름하는가'입니다. 여래는 특이하고 수승한 방편을 가지고, 일체법문을 모두 거두고 모두 초월하니, 아가타약과 같아 만병을 총괄합니다. 단지 법행(法行)84)

에 의지하기만 하면 업을 없앨 뿐만 아
니라, 또 지혜를 열고 복을 증가시키는
까닭입니다. 이 도리를 지켜서 저를 의
지하옵니다. (장궤한 상태에서 절한다)

불여래(佛如來)의 대자비력으로 공경히
경문(經文)과 고덕(古德)의 중요한 말씀
에 의지하여, 참법(懺法)을 집성하여 초
근기를 편리하게 합니다. 오늘 정업대
중은 이미 도량에 임하여 마땅히 각자
정숙하고 위의를 갖춰, 산란함을 모두
거두고, 경건하게 진리를 관(諦觀)하고,
                                    체관

문자를 따라 마음을 움직여야 합니다.
경문에 말씀하시길 : 「보살이 그 마음

---

84) 법대로 행함

을 잘 쓰면, 즉 일체의 승묘(勝妙)한 공
덕을 얻는다」라고 하셨습니다. 무릇 저
와 동수(同修)는 그것을 잘 생각해야
합니다. (장궤한 상태에서 절한다)

선근이 있지 않으면 불법을 듣지 못한
다는 것을 들었습니다. 만약 복덕의 인
연이 없다면 도량을 만나기 어렵습니
다. 과연 법성(法性)은 본래 공(空)한
것으로 한 물건도 없습니다. 망상이 이
미 일어나 곧 나와 남을 구분합니다.
평등법 중에서 갑자기 애정과 증오가
생겨납니다. 사바세계 내에서는 눈에
보이는 것이 무명입니다. 내부로부터
사악하게 되거나, 외부에서 물들거나,
미혹을 일으켜 업을 지으면 과보를 받

는 것이 끝이 없습니다.

육근삼업(六根三業)의 원인으로 삼도육도(三途六道)의 과보를 부릅니다. 비록 천계에 태어나도 오쇠(五衰)를 면하지 못합니다. 비록 사람 몸을 얻었으나 팔고(八苦)에서 도망치기 힘듭니다. 귀신과 축생은 해탈이 쉽지 않고, 지옥중생은 비참하고 침통함이 더욱 심합니다. 하물며 은혜와 원한으로 묶여 보복이 서로 찾아옵니다. 은혜는 서로 가족을 이루고, 원수는 번갈아 서로 삼키고 잡아먹습니다.

자신의 몸이 생로병사(生老病死), 애증이합(愛憎離合)임을 관하여야 합니다.

세상을 말하자면 수재·화재·도병재, 전염병과 기근입니다. 아픔과 근심은 혹독하고, 즐거움은 적고 고통은 많습니다. 모두 불타는 집 속에 있고, 함께 업의 바다 속에서 지냅니다. 가정과 재물, 권세와 영화는 잠시 여행지에서 머무는 것과 같아 마침내는 흩어집니다. 정의 형구(情枷)와 애욕의 그물(愛網),

이익의 쇠사슬과 명예의 고삐는 감옥에서 쉽게 벗어날 수 없는 것과 비슷합니다. 그리고 그 사이에 갖가지로 나타나 서로 훈습하는데, 인과가 서로 이어져 업에 따라 끌려가는 것을 스스로 알지 못합니다. 교만의 깃발을 세우고 어리석음의 돛을 널리 펴서 생사의 흐름에 따라 업장의 바다에 뛰어듭니다. 고기가 낚시를 삼키는 것과 같고, 누에 가 고치를 만드는 것과 같으며, 새가 새장에 날아드는 것과 같고, 나방이 등 불에 뛰어드는 것과 같습니다. 어둠에 서 어둠으로 들어가고, 고통에서 고통 으로 들어갑니다.

그래서 이로부터 말미암은 것은 비록 여러 가지가 있으나, 대략 요지를 말하 면, 3가지를 벗어나지 않습니다 ; 하나 는 번뇌이고, 둘은 바로 업이며, 셋은 과보입니다. 이 세 가지 법은 능히 제 고통을 낳고, 능히 성도(聖道)를 장애하 는데, 그러므로 경전 중에서 세 가지 장애라 이름합니다. 번뇌로 말미암아 제 악업을 짓습니다. 다시 악업으로 말미암아 제 고통의 과보를 맺습니다. 전전하는 서로의 원인이 마치 쇠사슬과 같습니다.

지혜로운 사람이 알아차리면 곧 후회할 수 있습니다. 어리석은 자는 덮고 감추어 화근을 철저히 지킵니다. 속으로는 간악한 죄악을 품고 있지만, 밖으로는 거짓으로 꾸미고, 병을 숨기면서 의사에게 보이길 꺼려하는 격으로, 추태가 알려지는 것을 두려워하고 자신을 바로 비추는 거울을 미워하며, 종기를 키워 후환을 남기니, 눈 가리고 방울을 훔치는 격입니다. 맹인이 여러 사람 가운데 있지만 보는 사람이 없다고 말하는 것과 같은데, 여러 사람이 실제적으로 맹인을 보지만 맹인은 알지 못합니다. 그리고 거듭 쌓여 되돌리기 어려운 죄와 더러움이 날로 깊어져 과보가 성숙하면 도피할 곳이 없습니다. 스스로 속이고 스스로 해치니 슬프고 가련합니다. 그러하옵니다. (장궤한 상태에서 절한다)

제불의 자비는 참회(懺悔)하도록 가르치십니다. 과연 진실이 드러나면 더러움과 장애가 스스로 얼음 녹듯 사라집니다. 세 가지 장애가 사라지면 제 고통이 저절로 쉬게 되는 것입니다. 어떤 법을 수행하든지 모두 쉽게 성취합니다. 경에서 말씀하신 바와 같이 : 두 건아(健兒)가 있는데, 하나는 스스로 죄를 짓지 아니하는 자이고, 둘은 이미 지은 것을 능히 뉘우칠 수 있는 자입니다.

또 두 가지 고백하는 법(白法)이 있어 능히 중생의 무거운 장애를 없앨 수 있습니다. 하나는 참(慚)이라 이르고, 둘은 괴(愧)라 이릅니다. 참(慚)은 능히 옳지 않음을 아는 것이고, 괴(愧)는 능히 과오를 고칠 수 있는 것입니다. 참(慚)은 즉 좋은 것을 보고 생각을 같게 하여 스스로 분발합니다. 괴(愧)는 악을 보고 안으로 성찰하며 사람들을 향해 드러냅니다. 상참(常慚)은 능히 망령된 습관을 소멸시키고, 상괴(常愧)는 능히 혐오와 원한을 품니다. 일체 선근은 참괴(慚愧)로부터 생기는 것을 마땅히 알아야 합니다. 일체 악업은 참괴(慚愧)로부터 없어집니다. 죄를 소멸하고자 하나 참회(懺悔)를 행하지 않고, 참법(懺法)을 닦아도 참괴(慚愧)를 모르는 것은, 비유하자면 나가려 하면서 먼저 문을 닫는 것이고, 건너려 하면서 스스로 배를 가라앉히는 것입니다.

마땅히 20가지 번뇌는 나타나기 전에 덮어야 하는 것임을 알아야 합니다. 11선법은 참괴(慚愧)를 맨 앞에 놓습니다. 참(慚)을 알고 괴(愧)를 아는 것을 바야흐로 사람이라 이름합니다. 괴(愧)가 없고 참(慚)이 없으면 부처님도 능히 구제할 수 없습니다. 제자대중 등이 오늘 이 참법(懺法)을 만난 것은 역시 여러 생의 복덕인연이오니, 우러러 받드옵니다. (장궤한 상태에서 절한다)

부처님 위신력의 명훈가피로 다행히 선근을 발동시켜, 반드시 각자 참괴(慚愧)의 갈고리를 치켜들어, 자신의 죄와 허물을 덮어 감춘 그물을 찢사옵니다. 허위의 습관을 깨뜨리고 전도(顚倒)된 원인을 소멸시킵니다. 진실심을 양손으로 바쳐 들어 앞서 지은 죄를 드러냅니다. 비유하면 초목이 뿌리를 드러내면 곧 시들게 되는데, 다시 뿌리는 무성해집니다. 그러므로 좋은 뿌리를 적당히 덮으면 덮는 즉시 잘 자라고, 나쁜 뿌리를 적당히 노출하면 노출 즉시 소멸합니다. 그것을 증득하는 것이 밀종연부(密宗蓮部)의 아미타불과 관세음보살, 준제보살의 근본종자까지 모두 흘리(紇利)85)를 이루는 것이옵니다. (장궤한 상태에서 절한다)

흘리86)는 참괴를 구족함(具足慚愧)이라 번역합니다. 이것으로 말미암아 부주87) 본존(部主本尊)을 관하니, 모두 참괴(慚愧)로 인하여 성취를 얻습니다. 하물며 속박된 범부중생이 묶여 있는 몸을 거동하여 마음을 일으키고 걸음을 움직이

---

85) 금강계 아미타불의 종자(種子)로 관세음보살의 심(心)진언이기도 하며, 연화부의 총체적 종자이기도 하다.
86) 원문에 흘리를 표현하는 새모양의 부호가 있는데, 반영하지 못하였음
87) 밀교에서 부처의 세계를 부(部)로 나누었다(예: 금강계 5부 등), 그 부의 주존을 부주(部主)라 함
 (참조: https://www.weblio.jp/content/部主 2022.10.13. 확인)

는 것이 죄와 허물 아닌 것이 없습니다. 어찌 감히 죄가 없다고 과장된 말을 하여 대망어죄에 떨어지겠습니까.

세간에서 스스로 죄가 없다고 말하는 자는 두 종류의 사람이 있사옵니다. 하나는 어리석은 사람으로 숙세의 장애가 심하고 중하여 어떤 것이 죄가 되는지 모릅니다. 둘은 극히 악한 사람으로 업과가 이미 이루어져 장차 참혹한 과보를 받는데, 더러움이 쌓여 마음을 덮어 죄를 인정하지 않습니다. 우리들은 오히려 극히 어리석지도 않고, 역시 극히 악하지도 않다고 스스로 생각합니다. 지금 기왕 대강이라도 참괴(慚愧)를 알았으면 마땅히 각자 참회(懺悔)를 드러

내야 합니다. 간절히 절하옵니다. (장궤한
상태에서 절한다)

석가모니 교주, 아미타 본존께서는 마
땅히 저를 알고 계심을 증명하여 주시
고, 마땅히 저를 가엾이 여기시고, 마
땅히 저를 가피하여 주시옵니다. 관음
·세지, 문수·보현, 미륵·지장 제 대
보살님께서는 함께 도량에 임하시어 저
의 예참(禮懺)을 받으시옵소서. 또 여러
생의 부모님, 지나온 겁의 원수와 친한
이, 육도사생(六道四生), 일체유정 모두
도량에 이르러 저의 참회(懺悔)를 들으
시길 원하옵니다. 참회하기 전 마땅히
각자 삼보에 지심으로 정례해야 합니
다. (拜起: 절하기 위해 일어서서, 三拜: 3번 절한다)

무릇 과오를 회개하고자 하면 모름지기
순역(順逆)의 열 가지 마음을 알아야
합니다. 나와 중생은 시작이 없는 때로
부터 지금에 이르렀습니다 :
애정의 견해로 말미암아 망령되게 남과
나를 분별하는 것이 하나입니다. 안으
로는 번뇌를 갖추고, 밖으로는 악연을
만나는 것이 둘입니다. 나의 마음이 융
성하여 다른 사람의 선행을 기뻐하지
않는 것이 셋입니다. 제멋대로 삼업으
로 뭇 죄를 짓는 것이 넷입니다. 일이
비록 크지는 않지만, 악심이 두루 하는
것이 다섯입니다. 밤낮으로 계속 끊어
짐이 없이 계속되는 것이 여섯입니다.
과실을 덮고 피하여 남들이 알지 못하

게 하려는 것이 일곱입니다. 악도를 두려워하지 않는 것이 여덟입니다. 참(慚)이 없고 괴(愧)가 없는 것이 아홉입니다. 인과가 없다고 하고 일천제(一闡提)88)를 짓는 것이 열입니다. (이상 열 가지는 생사심生死心을 따릅니다.)

고해(苦海)에 이르러 영원히 벗어날 기약이 없습니다. 다행히 불법을 만나 제가 가진 미혹의 구름을 걷어냅니다. 그래서 오늘은 악업을 뒤집어 깨뜨립니다 : 명백하게 인과를 믿는 것이 하나입니다. 스스로 부끄러워하고, 꾸짖으며, 자책하는 것이 둘입니다. 악도(惡道)를 두

---

88) '일천제'는 선근(善根)이 끊겨서 성불할 가능성이 없는 자, 아무리 수행해도 절대 깨달을 수 없는 자 를 말한다. [출처: 한국민족문화대백과사전(일천제(一闡提)]. '천제'라고도 함

려워하는 것이 셋입니다 ; 흠을 덮지 않는 것이 넷입니다. 이어지는 마음을 끊는 것이 다섯입니다. 보리심을 발하는 것이 여섯입니다 ; 공덕을 닦고 과오를 보완하는 것이 일곱입니다 ; 다른 사람의 선행을 따르는 것이 여덟입니다 ; 시방불을 염하여 말씀 그대로 수행하는 것이 아홉입니다 ; 죄의 성품이 공한 것을 관하여 영원히 죄의 근원을 소멸하는 것이 열입니다. (이상 열 가지는 생사심生死心에 역행합니다.)

오직 삼보님께서 자비로 섭수하시길 원하옵니다. 널리 법계중생을 위하여 귀명하고 참회하옵니다. (3번 절하고, 무릎을 꿇는다)

시작도 없는 때로부터 무명을 일으켜 역시 나쁜 벗을 만나 저의 감정을 돋우었습니다. 따라 기뻐하는 마음(隨喜心)이 없어 선(善)이 영원히 소멸하여, 몸·입·뜻에 따라 악이 점차 생겨났습니다.

마음 마음이 두루 닿는 곳에 물이 들고, 생각을 계속하여 밤낮으로 일을 꾀합니다. 다른 사람들이 자신이 숨긴 과실을 알지 못하길 원하고, 악도를 두려워하지 않고 멋대로 합니다.

참(慚)이 없고 괴(愧)가 없는 마라(魔羅)의 그물, 인과가 없다고 주장하는 천제

(闡提)의 구덩이에 이처럼 따라 흘러가 본성을 배반하니, 세세생생 고해가 넓고 성대하여 가득합니다.

다행히 여래의 장자(長子)라는 가르침을 듣고 지금 거슬러서 가난한 마을을 버리고자 합니다. 인과를 바로 믿어 일천제(一闡提)를 깨뜨리고, 인간과 천인에 대하여 참괴(慚愧)함으로써 부끄러워하지 않음을 깨뜨립니다.

악도를 무서워함으로써 두려워하지 않음을 깨뜨리고, 죄업을 드러내어 감추는 것을 깨뜨립니다. 계속 이어지는 마음을 끊어 상념(常念)을 깨뜨리고, 보리심을 발하여 두루 일어나는 것을 깨뜨립니다.

공덕을 닦고 과오를 보완하여 멋대로
하는 것을 깨뜨리고, 정법을 수호하여
기뻐하지 않음을 깨뜨립니다. 시방불을
염하여 악한 벗을 깨뜨리고, 죄의 성품
이 공함을 관하여 번뇌(結使)를 깨뜨립
니다. (절하기 위해 일어선다)

【주참송백 : 이상이 청량한 여섯 가지 게
송인데, 처음 세 가지는 넓고 성대한 고
해(苦海)에 이르러 생사의 열 가지 마음
을 따라서 고쳐야 할 것으로 삼습니다.
뒤의 세 가지는 성품이 공함을 관(觀)하
여, 생사의 열 가지 마음을 거스릅니다.
뒤부터는 사(事)도 있고 이(理)도 있으니,

마땅히 세밀하게 그것을 생각해야 합니다.】

저와 중생은 자성이 청정합니다. 일실경계(一實境界)이니 몸은 제불과 같습니다. 무명으로 훈습하여서 망상의 경계가 나타났습니다. 시작이 없는 때로부터 오늘에 이르기까지 삼업육근(三業六根)이 널리 뭇 죄를 지었습니다. 만약 이 죄와 더러움이 몸통이 있다면, 비록 허공이 다하더라도 능히 수용할 수 없습니다. 지금 삼업(三業)을 청정하게 하여 법계에 계신 일체 제불보살 앞에 지성으로 참회하고, 삼보에 귀명정례하옵니다. (3번 절하고, 장궤를 한다89))

---

89) '장궤를 한다'의 원문은 궤(跪)이다. 궤(跪)는 '무릎을 꿇는다'의 뜻인

현재 시방계에 항상 계신 양족존이시여, 원하옵건대 대비심으로 저를 불쌍히 기억하고 생각하여 주시옵소서.

제가 이미 지은 죄, 극히 중한 제 악업, 지금 시방 전에 지심으로 모두 참회하옵니다.

뭇 선을 닦는데 힘쓰지 않고, 항상 제 악업을 지었고, 한창때에는 방일하게 행동하고, 마음은 항상 삿된 생각을 일으켰습니다.

데, 본 예참이 장궤로 진행되고 있었으므로, 궤를 '장궤를 한다'로 옮겼다.

입으로는 악한 말을 늘어놓고, 허물과 죄를 살피지 않으며, 항상 어리석은 사람의 행동을 하고, 무명의 어둠이 마음을 덮었습니다.

혹은 여러 놀이와 즐거움이 원인이 되어, 혹 다시 근심과 번뇌를 품고, 혹은 탐내고 성냄에 묶이며, 선하지 않은 사람을 가까이 하였습니다.

그리고 인색하고 시기하는 뜻과 빈궁한 행동과 아첨하고 속이는 것으로 말미암아, 또 음식·의복과 이성을 탐애하는 것으로 말미암아, 번뇌의 불로 태워집니다. 그런고로 저는 여러 악을 지어 불·법·승에 공경심을 내지 않았습니다.

무지하여 정법을 비방하고, 부모에 불
효하는 것은 어리석음과 교만에서 비롯
되고, 탐하고 화내는 힘으로 이와 같이
뭇 죄를 지었는데, 제가 지금 모두 참
회를 하여 시방세계 무수한 부처님께
공양하옵니다.

늘 원하옵건대, 중생을 건지시어 모든
고난을 여의게 하시고, 제가 여러 겁
중에 지은 모든 악업에 항상 근심하고
두려워하는 마음을 내고, 이미 기뻐하
는 생각이 없도록 하시옵소서. 제불께
서는 대비심을 구족하시고 능히 중생의
두려움을 제거하시옵니다.

원하옵건대, 저의 참회(懺悔)를 받아주시어 근심과 고통, 제가 가진 번뇌의 장애와 여러 과보의 장애를 여의게 하시옵소서.

원하옵건대, 대비수(大悲水)로 씻어 청정하게 하시어 아직 오지 않은 제 악업을 막아 일어나지 않게 하시옵소서.

만약 어김이 있으면 결국 감히 덮지를 못하는데, 신업이 3가지, 구업이 4가지, 의업이 다시 3가지가 있어, 이 3가지 종류의 행으로부터 10가지 악업을 짓고, 제가 모든 악업을 지어 고통의 과보를 응당 스스로 받사옵니다.

지금 제불 전에 지성으로 모두 참회하고, 모든 선업(善業)을 지금 제가 모두 따라서 기뻐하옵니다.

원하옵건대, 열 가지 악업을 여의어 열 가지 선도(善道)를 수행하고, 십지(十地)⁹⁰⁾의 계위 중에 안주하여 항상 시방의 부처님을 뵙기를 원하옵니다.

제가 몸·입·뜻으로 복과 지혜의 업을 닦으니, 이 선근으로 속히 무상의 지혜가 이루어지기를 원하옵니다. (절하기 위해 일어서서, 3번 절하고, 장궤를 한다)

외도나 어리석은 이와 미친 자는 교리

---

90) 초지에서 십지까지 10가지 계위의 보살

가 밝지 않아 원래 이상할 것이 없사
옵니다. 꽤 여러 해 동안 귀의하여 자
칭 신도(信徒)라고 하나, 대체로 부처님
이 어떤 사람인지, 법이 무슨 뜻인지
모르옵니다. 그러나 몽매하여 스스로
위안을 삼지만 사람들에게 해는 없습니
다. 단지 명상(名相)91)에 대한 조잡한
인식이 있어 선지식이라 칭하고, 얻지
못하였음에도 얻었다고 이르고, 증득하
지 못하였음에도 증득했다고 이릅니다.
걸어 다니기는 하지만, 말하는 것마다
공허합니다. 법이 아닌 것을 설법하고
법을 설한다고 하지만 법이 아닙니다.
삼학(三學)을 경시하여 버리고 오욕에

---

91) 귀가 들을 수 있는 것을 '명(名)'이라 하고, 눈이 볼 수 있는 것을
'상(相)'이라 한다(耳可聞者曰名 , 眼可見者曰相)
〔출전 : https://www.hao86.com/ciyu_view_997d2d43ac997d2d/〕

깊이 빠져 있습니다. 안으로는 간사함을 품고 겉으로는 위의를 꾸밉니다. 삼취정계(三聚淨戒)를 훼손하고 범하는 것이 이미 빈번합니다. 일대장교(一大藏教)를 이해하는 것이 얼마 없습니다. 나쁜 벗에게 빌붙어 수행인을 괴롭고 어지럽게 합니다. 시비가 뒤바뀌고 투쟁이 견고합니다. 지옥종자가 되려고 정토의 원인을 장애합니다.

다시 몸이 도량에 있어도 정(情)은 세상의 도리에 연연합니다. 입은 극락을 이야기하지만 뜻은 사바를 그리워합니다. 염주가 손에 있지만 재물에 관심이 있습니다. 법려(法侶)92)라 이름하여 칭

92) 법을 함께 수행하는 동수(同修) 또는 동료

하지만 정토수행을 닦지 않습니다. 37조도품은 그 이름조차 거론하지 않습니다. 108번뇌는 빽빽하고 가득합니다. 지정(止淨) 시에는 생각을 거두고 마음을 정(定)하게 하지 못하고, 예송 중에는 전과 다름없이 두리번거립니다. 연기와 불을 삼키고 내뱉는 것93)에서 문득 악귀의 모습이 나타납니다. 육식을 마음껏 먹는 것이 마치 냄새를 쫓는 사람과 같습니다.

미움과 혐오를 살피지 않고 대중에게 영향을 미칩니다. 뭇 사람이 손가락질하며 웃는데 혼미하고 무지합니다. 사

---

93) 불제자의 본분에 맞지 않게 대중 앞에서 공연 등을 하면서 기이한 행동을 하는 것

람들이 함께 미워하고 싫어하며, 환난
으로 고생을 합니다. 이와 같은 갖가지
죄와 더러움은 각자 마땅히 성의를 다
해 참회해야 합니다. (장궤한 상태에서 절한
다94))

다시 발심이 바르지 않아 견지(見地)가
뒤섞입니다. 장애가 깊고 학문이 적어
믿음이 적고 의심이 많습니다. 오늘 정
업(淨)을 닦고 내일은 참선합니다. 교종
(敎)을 배우는데 곤란함을 두려워하면
서 또 밀교를 배우는 것을 생각합니다.
선(禪)·교(敎)·밀(密)·정(淨)의 법마다
철저하지 못합니다. 탐냄·화냄·질투
·인색은 이래저래 제거되지 않습니다.

---

94) 원문은 궤배(跪拜)이다.

담을 타고 두럭에 오르며 기로에서 방황합니다. 큰 소리를 치고 때로 요행을 바라는 마음을 품습니다. 쌓인 습기는 짙고 염불의 힘은 경미합니다.

심지(心地)는 애매하고 견해는 삿되고 편벽됩니다. 억지로 경문을 인용하여 자기의 주장에 가져다 붙입니다. 오류가 서로 이어져서 쌓이니 옳음을 이루지 못합니다. 어리석은 공부를 하는 것을 가장 두려워하면서도 망령되이 대수용(大受用)95) 얻기를 희망합니다.

굳센 습기는 조복하기 어렵습니다. 인아(人我)의 망령된 견해는 사라졌다 다

---

95) 수용(受用): '누림', '받아서 씀'

시 일어납니다. 수지독송(受持讀誦)96)을 하는 것과 중단하는 것이 일정하지 않습니다. 아만심이 잘나고 높아 어디서나 발현됩니다. 세상에서 법문의 쇠퇴는 전혀 마음에 두지 않습니다. 명예와 이양에 관련된 것은 결국 간파하기 어렵습니다. 나아가 화내는 마음으로 계율을 지키며 교만심으로 보시를 행합니다. 부정한 설법을 하고 악랄한 말로 주문을 외우며 저주를 기원합니다. 더러운 그릇으로 공양을 올리고 더러운 손으로 경전을 잡습니다.

산란한 마음으로 명호를 부르고 희희낙락하며 예배합니다. 불승(佛乘)97)을 게

---

96) 경전이나 불보살 명호를 받아 지녀 읽거나 부르는 것

을리 닦으며 마의 무리를 기뻐하고 가까이 합니다. 정토(淨土)에 아직 오르지 않았으면서도 이미 예토(穢土)의 구덩이에 떨어집니다. 더욱이 탄식할 만한 것은 이미 정계(淨戒)를 받아 여러 해 동안 채식하는데, 공연히 훼손하고 범하여 횡포하고 부끄러움을 모르는 것입니다. 업력에 이끌려 자주적이지 못합니다. 사악함으로 무리를 짓고 과오를 감추며, 악에 의지하여 잘못을 감춥니다. 몸으로 법을 훼방하여 보답이 더욱 혹독합니다. 내생까지 기다리지 않고 현세에 책망을 받습니다. 《무량수경》에서 이르신 것처럼, 감히 이런 일을 저

---

97) 불승(佛乘)은 우리 불문이 일반적으로 말하는 일승법(一乘法)으로, 일불승(一佛乘)은 대승의 위로, 이것은 가장 진실한 법(最眞實法)이다. (출전: 정공법사 강술, 박영범 옮김, 「자운참주 정토문」, 인터넷 배포)

질러서 마땅히 악취(惡趣)를 당합니다. 혹 현세에 먼저 병과 재앙을 당하고 살지도 죽지도 못하여, 대중으로 하여금 그 모습을 보게 합니다. 혹은 자녀가 불효하거나, 가족이 불량하고, 혈육과 떨어지게 되고 환경이 열악해집니다. 혹은 악질이 몸을 옭아매고, 사람은 망하고 집은 파산하며, 갑자기 무고와 비방을 만나고, 재난을 당하는 인연이 많습니다. 무릇 이런 갖가지는 모두 업에서 초래한 것입니다. 혹은 숙세에서, 혹은 금생으로부터 그림자가 형상을 따르듯이, 털끝만큼의 착오도 없습니다. 스스로 혜명(慧命)을 해치는 것이니 매우 애통해할 만합니다. (장궤한 상태에서 절한다)

가짜 불교가 더 있어, 이는 실제로는
파순인데, 법문에 끼어들어 파괴하려
하는 것입니다. 점치는 단(壇)을 설치하
여 삿된 말을 선전하고 속이면서 몰래
주고받으며, 대중을 모아 재물을 걷습
니다. 신기하고 괴상한 것에 현혹되고,
화와 복에 따라 움직이며, 백성들의 피
와 땀을 들이마시고 방종한 욕망을 안
락하게 누립니다. 공공연히 남에게 고
기를 먹으라고 권하면서 마침내 비리고
노린내 나는 것으로 부처님께 공양합니
다. 마의 자식이라고 비난받으면 어떻
게 감당할 것입니까. 사자충이라 이르
는 것도 아직 모자랍니다. 우매하고 분
별이 없어 매번 어두워 마의 소굴에

몸을 던져 혹사당하는 것을 달게 받으며, 억압과 제압을 받아서 스스로 벗어날 방법이 없습니다. 전전하면서 불러 모으고, 호랑이가 되고 창귀가 되어 양민을 꾀고 협박하고 삼켜서 먹습니다. 무리는 점점 넓어지고 화는 날로 깊어지며, 국가를 해치고 사회를 어지럽힙니다. 업의 과보가 성숙하면 결국 법망을 벗어날 수 없고, 제자와 스승이 모두 형벌에 처해질 것입니다. 부처님을 비방하고 불법을 훼손하여서 죄를 회피할 수가 없습니다. 무고한 사람에게까지 파급되니 가엾고 슬픕니다.

《능엄경》이 가리키는 음마(陰魔)는 만고에 경계할 만합니다. 나를 비롯한 동업

대중(同業大衆)은 듣고 본 것과 상관없이 모두 경각심을 높여야 합니다. 모든 갖가지 죄악을 대신하여서 널리 알리고 참회합니다. 참회하고 지심으로 귀명하옵니다. (절하기 위해 일어선다)

법신보신, 교주본존, 자성일체삼보
(1번 절한다)
나무청정법신비로자나불 (1번 절한다)
나무원만보신노사나불 (1번 절한다)
나무본사석가모니불 (1번 절한다)
나무약사유리광여래 (1번 절한다)
나무극락세계아미타불 (1번 절하고, 장궤한다)

모든 일체중생 부류는 과거·미래·현재 세상에 다함이 없사옵고, 제불찰(諸

佛刹)은 광대무변하오니, 찰 중의 부처
님들을 제가 칭찬(稱讚)하옵니다.

제불과 법, 승가에 정례하오니 저는 삼
보에 항상 귀의하옵니다. 저는 여러 미
묘한 꽃과 뭇 보배들을 모두 지니어,
항상 널리 보시하옵니다.

제가 이미 지은 모든 죄를 지금 널리
다함 없이 참회하옵니다. 제가 아직 짓
지 않은 모든 죄는 일체시에 항상 멀
리하옵니다.

모든 일체 수승한 불사(佛事)는 제가
모두를 항상 따라 기뻐하옵니다. 이 복
을 유정중생과 부처님의 무상보리과(無

上菩提果)에 회향하옵니다.

부처님께서 정법(正法) 중에 말씀하신 것처럼 원력이 견고하고 다시 진실하옵니다. 저는 항상 모든 세존께 공양하고 제가 최후에는 성불하기를 원하옵니다. 오늘 정성을 다하여 널리 알리고 애절하게 참회를 구하옵니다. 간절히 바라옵니다. (장궤한 상태에서 절한다)

석가모니 교주, 아미타 본존께서는 마땅히 저를 알고 계심을 증명하여 주시며, 마땅히 저를 가엾이 여기시며 마땅히 저를 가피하시옵니다. 오늘부터 깊은 서원을 세우겠습니다 : 아직 짓지 않은 죄는 감히 다시 짓지 않겠습니다.

이미 지은 죄는 사라지기를 비옵니다.

《무량수경》이 밝힌 바와 같이 하기를 원하옵니다 : 아미타불께서 보살이었을 적에 덕행을 쌓고 심으시고, 탐심·화냄·어리석음·욕심의 여러 생각을 일으키지 않고, 색·성·향·미·촉·법에 탐착하지 않으셨습니다. 단지 과거 제불께서 선근을 닦으신 바를 기억하고 생각하는 것을 즐기셨습니다. 적정행(寂靜行)을 행하여 허망을 멀리 여의었습니다. 진제문(眞諦門)에 의지하여 뭇 덕의 근본을 심으셨습니다. 뭇 고통을 헤아리지 않고 적은 욕망으로 만족하셨습니다. 오로지 깨끗한 법을 구하여 군생(群生)에게 혜택과 이익을 주셨습니다. 의지와 원력에 지침이 없고 인력(忍力)을 성취하셨습니다. 모든 유정중생에게 항상 자비와 인내를 품고, 온화한 얼굴과 사랑의 말로 권유하고 앞으로 나아가기를 재촉하셨습니다. 삼보를 공경하고 스승과 어른(師長)에 봉사하며 허위와 아첨의 마음이 없었습니다. 장엄한 뭇 행과 궤범을 모두 갖추셨습니다. 모든 법이 허깨비와 같음을 관(觀)하시었고, 삼매는 항상 적정하셨습니다. 구업을 잘 지키며, 다른 이의 과오를 조롱하지 않으셨습니다. 신업(身業)을 잘 지켜 율의(律儀)를 잃지 않으셨습니다. 의업(意業)을 잘 지켜서 청정하여 물들지 않으셨습니다. 모든 국가

와 성, 취락, 권속, 진귀한 보물에 대
해 모두 집착하는 바가 없으셨습니다.
항상   보시·지계·인욕·정진·선정·
지혜의 육바라밀행으로 중생을 교화하
고 편안하게 하시어 위 없는 진정한
도에 머무셨으니, 제가 이미 염불로 마
땅히 부처님의 행을 실행하옵니다. 부
처님께서 이미 이와 같이 무상도를 이
루셨으니, 저도 역시 응당 이와 같이
성취하옵니다. (장궤한 상태에서 절한다)

무량수여래회상의 제대보살과 현호 등
16정사께서는 다 함께 보현대사님의
덕을 본받아 수행하시옵니다. 《무량수
경》에서 이르신 바 : 무량한 행원을 구
족하시고 일체 공덕법 가운데 안온히

염불원통장 보왕삼매참

머물러 계시옵니다. 번뇌의 성을 깨뜨리고 제 욕망의 도랑을 무너뜨리셨습니다. 더러움과 오염을 씻고 깨끗함을 분명히 드러냅니다. 중생을 유도하여 이끄시고, 묘한 이치를 선설하시며, 공덕을 쌓으시고, 복전을 보이셨습니다. 제 법약(法藥)으로 삼고(三苦)를 구제하고 치료하십니다. 관정(灌頂)의 계위에 올라 보리의 수기를 주시옵니다. 보살을 가르치기 위하여 아사려98)가 되시고, 늘 무변한 제행을 상응하여 익히옵니다. 보살의 무변한 선근을 성숙시키며, 무량제불께서 함께 호념하십니다. 여러

---

98) 아사려는 그 지혜와 도덕으로 제자를 가르쳐 그 행동이 올바르고 합당하며, 스스로 제자의 모범이 될 만하다'고 하여 스승 또는 상사(上師)라고도 한다(출전: https://zh.m.wikipedia.org/wiki/阿闍黎). 아사리(阿闍梨)라고도 함

사람들을 위하여 청하지 않은 벗이 되어, 여래의 매우 깊은 법장(法藏)을 수지(受持)하고, 불종성(佛種性)을 보호하며, 항상 끊어지지 않게 하시옵니다. 대비심을 일으켜 유정중생들을 불쌍히 여기시고 자비한 말씀을 연설하시며, 법안을 주시고 악취를 끊도록 하시며 선도의 문을 열게 하시옵니다. 모든 중생을 마치 자신처럼 여기고, 짐을 덜어 모두 피안으로 건너가게 하시옵니다. 이 보살들은 이미 모두 이와 같으니, 저도 역시 부처님을 배우는 같은 부처님의 제자가 되어, 반드시 정진을 해야 하며 학습도 이와 같아야 합니다.

(장궤한 상태에서 절한다)

제불보살, 일체 현성(賢聖)이 이 원인과 같이 닦으면 이 과보와 같이 얻습니다. 그래서 저는 오늘, 과거에서 지금까지 배우고 행한 것들이 '이미 이와 같지 않은가?'에 대해 마땅히 스스로 점검해야 합니다. 장래에 과보를 얻는 것이 '이와 같을 수 있을까?' 하나하나 반성해야 하는 것이지 스스로를 속일 수 없습니다. 만약 그것이 스스로 지금 이와 같지 아니하면, 장래 과보를 얻는 것은 반드시 이와 같지 않습니다. 만약 아직도 유유자적하고 게으르게 일생을 보내면, 삼도(三途)의 심한 고통을 오랜 겁 동안에 갚아야 합니다.

저와 제불은 동일한 법신입니다. 그분

들은 오래전에 성불하셨는데, 저는 여전히 침륜합니다. 이것은 진실로 비탄할 만하고 애석할 만합니다. 응당 대참괴(大慚愧)를 내고, 대포외(大怖畏)를 일으키고, 대참회(大懺悔)를 발하고, 대정진(大精進)을 분발해야 합니다. 과거에 갖가지 일은 비유하면 이미 죽은 것과 같고, 이후의 갖가지 일은 오히려 바야흐로 살아 있는 것과 같습니다.

오늘부터 큰 서원을 세워 문수의 지혜를 배우고 보현의 행을 실행합니다. 마땅히 관세음보살의 이근원통(耳根圓通)을 배워 돌이켜 자성을 듣습니다(反聞自性). 마땅히 대세지보살의 육근

을 모두 거두어(都攝六根), 깨끗한 생각
이 계속 이어지게 함(淨念相繼)을 배웁
니다. 마땅히 미륵보살같이 부처님의
중요한 가르침을 받아 《무량수경》을 수
호하고 널리 선양합니다.

마땅히 이 경에서 보이신 중요한 뜻(要
義)에 의해서, 깊은 믿음과 이해를 내
고 보리심을 발하여 일향으로 아미타불
을 전념함으로써, 일념정심(一念淨心)을
얻어 바야흐로 〔아미타부처님의〕 본래
의 회포에 계합하고 바야흐로 최초의
발원을 이루웁니다. (장궤 상태에서 절하기 위해
일어서서, 3번 절하고, 장궤를 한다.)

첫째, 겸하여 육바라밀(六度)을 닦으면서 원만하게 삼심(三心)을 발하고, 삼학(三學)을 부지런히 닦아 삼업(三業)을 청정하게 하고, 처음으로 삼독(三毒)의 원인을 끊을 수 있어서 바야흐로 삼도(三途)의 과보를 소멸시킵니다. 또다시 마땅히 알아야 하는데 육바라밀을 닦는 자는 하나의 바라밀을 따라 들어가는 것이 가장 빠른 요점입니다. 어떤 바라밀을 따라 들어갑니까? 정진(精進)을 따라 들어갑니다. 이 하나의 바라밀로 다섯 바라밀을 섭수합니다. (장궤한 상태에서 절한다)

둘째, 진실한 정진을 하는 자는 반드시 기꺼이 보시하고, 반드시 기꺼이 지계하고, 반드시 인욕할 수 있어야 합니다 ; 만약 그렇지 않으면 정진이 아닌 까닭입니다. 진실한 정진을 하는 자는 선정(禪定)이 스스로 나타나 지혜가 스스로 열립니다 ; 정(定)이 없고 혜(慧)가 없는 것은 정진이 미치지 못한 까닭입니다. 만약 진실한 정진이라면, 반드시 탐내는 마음을 제거하고, 반드시 화내는 마음을 소멸할 수 있으며, 반드시 어리석은 마음을 깨뜨릴 수 있습니다 ; 삼독이 멈추지 않으면, 정진이 아닌 까닭입니다. 만약 진실한 정진이라면, 반드시 직심(直心)을 갖추고, 반드시 심심(深心)과 대비심(大悲心)을 일으킵니다 ; 세 가지 마음을 아직 발하지 않으면 정진이 아닌 까닭입니다. (장궤한 상태에서 절

한다)

셋째, 무엇을 정진이라고 합니까? 일체 시 일체처에서 정념을 잃지 않는 것입니다. 생각 생각 사이에 끊어짐이 없습니다. 몸·입·뜻의 업에 지쳐함이 없습니다. 등불에 바람 막는 것과 같고 머리에 붙은 불을 끄는 것과 같습니다. 과연 이와 같다면, 공(功)이 순수하지 않음이 없고, 업이 깨끗하지 않음이 없으며, 망심이 없어지지 않음이 없고, 진실이 나타나지 않음이 없습니다. 《법화경》에서 '이것이 진실한 정진이고(是眞精進), 이

것이 진실한 법으로 여래를 공양함이라 이름한다(是名眞法供養如來)'라고 하셨습

니다.

그래서 마땅히 알아야 하는데, 위로부터 일체제불, 제대보살과 제 조사께서 모든 일체 공덕과 복과 지혜, 신통과 원력, 갖가지 도과(道果), 백천삼매를 정진으로 말미암아 성취하지 아니한 것이 하나도 없습니다. 아미타불께서 보살이셨을 때, 그분의 수행정진을 뛰어넘는 자가 없었습니다. 석가여래께서 수행의 원인 자리에 계실 때, 일념정진이 갑자기 9겁을 초월하셨습니다. 《무량수경》에서 이르시길 : '지극한 마음으로 구도하는 자는 정진이 그치지 않아 마땅히 과위를 얻게 되는데, 어떤 원을 얻지 못하겠는가'라고 하셨습니

다. (절하기 위해 일어선다)

보왕삼매참법을 열어 펼치시는 삼세제
불께 일심으로 귀명하옵니다. (3번 절한다)

나무비로자나불
나무과거비바시불(南無過去毘婆尸佛)
나무시기불(南無尸棄佛)
나무비사부불(南無毘舍浮佛)
나무구류손불(南無拘留孫佛)
나무구나함모니불(南無拘那含牟尼佛)
나무가섭불(南無迦葉佛)
나무본사석가모니불
나무당래미륵존불

(1번 절한다)

시방이 다하도록 귀명하니, 죄가 소멸하고 깨끗한 믿음이 생기옵니다. 여러 중생이 같이 보리심을 발하기를 원하옵니다.

나무동방해탈주세계, 허공공덕, 청정미진, 등목단정, 공덕상, 광명화, 파두마, 유리광, 보체향, 최상향, 공양흘, 종종장엄, 정계무량무변, 일월광명, 원력장엄, 변화장엄, 법계출신, 무장애왕여래, 아라가삼먁삼불타.   오천오백불명경   제일존불

나무환희장엄주왕불(南無歡喜莊嚴珠王佛)
나무극락세계아미타불

(1번 절한다)

만약 어떤 이가 삼세의 일체 부처님을 알고자 하면(若人欲了知 三世一切佛), 마땅히 법계의 성품이 '일체유심조'임을 관해야 합니다(應觀法界性 一切唯心造).

나무석가모니불
나무덕수불(南無德首佛)
나무덕경불(南無德敬佛)
나무덕념불(南無德念佛)
나무덕적불(南無德積佛)
나무덕법불(南無德法佛)
나무덕상불(南無德相佛)
나무덕수불(南無德樹佛)
나무덕주불(南無德主佛)

나무덕보불(南無德寶佛)

나무덕승불(南無德乘佛)

나무덕세불(南無德勢佛)

나무덕정불(南無德淨佛)

나무덕찬불(南無德贊佛)

나무덕륜불(南無德輪佛)

나무아미타불

(1번 절한다)

무량의 수승한 방편은 실상(實相)을 생각하여 얻어지고, 일체 업장의 바다는 모두 망상을 따라 생겨납니다.

나무석가모니불

나무광덕불(南無廣德佛)

나무보덕불(南無普德佛)

나무명덕불(南無名德佛)

나무보덕불(南無寶德佛)

나무용덕불(南無龍德佛)

나무화덕불(南無華德佛)

나무광덕불(南無光德佛)

나무향덕불(南無香德佛)

나무혜덕불(南無慧德佛)

나무명덕불(南無明德佛)

나무선덕불(南無善德佛)

나무복덕불(南無福德佛)

나무견덕불(南無堅德佛)

나무전덕불(南無電德佛)

나무범덕불(南無梵德佛)

나무아미타불

(1번 절한다)

만약 참회하고자 하는 자는 단정히 앉아 실상을 염할지니, 뭇 죄는 서리나 이슬과 같아서 지혜의 태양이 능히 소멸시키고 제거할 수 있사옵니다.

나무석가모니불
나무신계불(南無信戒佛)
나무견계불(南無堅戒佛)
나무계명불(南無戒明佛)
나무용시불(南無勇施佛)
나무복장불(南無福藏佛)
나무흥성불(南無興盛佛)
나무정의불(南無淨義佛)
나무정시불(南無淨施佛)
나무연화불(南無蓮華佛)
나무범수불(南無梵壽佛)

나무인현불(南無仁賢佛)

나무화광불(南無華光佛)

나무불퇴불(南無不退佛)

나무아미타불

(1번 절한다)

백겁에 쌓은 죄는(百劫積集罪) 한 생각에 모두 없어지니(一念悉蕩除), 마치 마른 풀을 태우는 것 같아서(如火焚枯草), 죄를 없애 남김이 없습니다(滅罪無有餘).

나무석가모니불

나무약사불(南無藥師佛)

나무대자불(南無大慈佛)

나무건자불(南無建慈佛)

나무자상불(南無慈相佛)

나무운상불(南無雲相佛)

나무전상불(南無電相佛)

나무전명불(南無電明佛)

나무지승불(南無智勝佛)

나무지상불(南無智相佛)

나무혜취불(南無慧聚佛)

나무법명불(南無法明佛)

나무법적불(南無法積佛)

나무정의불(南無淨意佛)

나무아미타불

(1번 절한다)

부처님을 경계로 삼아 전념하고 쉬지
않으면, 이 사람은 부처님을 뵐 수 있

을 것인데 그 수는 마음과 같습니다.

나무석가모니불

나무단의불(南無斷疑佛)

나무단악불(南無斷惡佛)

나무정마불(南無淨魔佛)

나무단마불(南無斷魔佛)

나무이암불(南無離闇佛)

나무멸암불(南無滅闇佛)

나무멸구불(南無滅垢佛)

나무이구불(南無離垢佛)

나무멸에불(南無滅恚佛)

나무이교불(南無離憍佛)

나무멸과불(南無滅過佛)

나무이외불(南無離畏佛)

나무무외불(南無無畏佛)

나무아미타불

(1번 절한다)

비유하건대 맑고 둥근 달은 일체 강에 두루 나타나니 그림자가 비록 무량하나, 본래 달은 이미 둘이 아닙니다.

나무석가모니불
나무실어불(南無實語佛)
나무음덕불(南無音德佛)
나무범음불(南無梵音佛)
나무전음불(南無雷音佛)
나무승음불(南無勝音佛)
나무집음불(南無集音佛)
나무선음불(南無善音佛)
나무미음불(南無美音佛)

나무보음불(南無寶音佛)

나무묘음불(南無妙音佛)

나무천음불(南無天音佛)

나무지음불(南無智音佛)

나무범성불(南無梵聲佛)

나무명문불(南無名聞佛)

나무아미타불

(1번 절한다)

지혜가 있는 사람이라면, 일념으로 도심을 발하여 반드시 무상존(無上尊)을 이루니 삼가 의혹을 일으키지 말아야 합니다.

나무석가모니불

나무다복불(南無多福佛)

나무환희불(南無歡喜佛)

나무영희불(南無令喜佛)

나무법락불(南無法樂佛)

나무희열불(南無喜悅佛)

나무상락불(南無常樂佛)

나무희견불(南無喜見佛)

나무희중불(南無喜眾佛)

나무길상불(南無吉祥佛)

나무낙안불(南無樂安佛)

나무역행불(南無力行佛)

나무정원불(南無淨願佛)

나무만원불(南無滿願佛)

나무아미타불

(1번 절한다)

시방 일체불 뵙기를 바라고 무량공덕장

베풀기를 바라며 중생의 제 고뇌를 없
애기를 바란다면, 속히 보리심을 발해
야만 합니다.

　　나무석가모니불
　　나무근정진불(南無勤精進佛)
　　나무덕정진불(南無德精進佛)
　　나무정진군불(南無精進軍佛)
　　나무정진희불(南無精進喜佛)
　　나무견정진불(南無堅精進佛)
　　나무비정진불(南無悲精進佛)
　　나무금강군불(南無金剛軍佛)
　　나무전투승불(南無戰鬥勝佛)
　　나무희력왕불(南無喜力王佛)
　　나무희장엄불(南無喜莊嚴佛)
　　나무희자재불(南無喜自在佛)

나무법자재불(南無法自在佛)

나무자재왕불(南無自在王佛)

나무아미타불

(1번 절한다)

처음 일념을 따라 결국 겁을 이루는데 모두 중생의 심상을 따라 생겨나는 것으로, 일체 찰해의 겁(刹海劫)은 무변하나, 하나의 방편으로 모두 엄정하옵니다.

나무석가모니불

나무부다문불(南無富多聞佛)

나무구족찬불(南無具足讚佛)

나무변재찬불(南無辯才讚佛)

나무사교만불(南無捨憍慢佛)

나무불허견불(南無不虛見佛)

나무무능승불(南無無能勝佛)

나무불허행불(南無不虛行佛)

나무무언승불(南無無言勝佛)

나무과쇠도불(南無過衰道佛)

나무선행보불(南無善行報佛)

나무낙보리불(南無樂菩提佛)

나무선사유불(南無善思惟佛)

나무아미타불

(1번 절한다)

유수무수(有數無數)의 일체겁에 보살이 요지(了知)한 것은 즉 일념이니, 이 선(善)에서 보리행에 들어가 항상 부지런히 닦고 익혀 퇴전하지 않습니다.

나무석가모니불

나무대정진불(南無大精進佛)

나무대위덕불(南無大威德佛)

나무위맹군불(南無威猛軍佛)

나무최위의불(南無最威儀佛)

나무위덕진불(南無威德振佛)

나무위덕맹불(南無威德猛佛)

나무연화덕불(南無蓮華德佛)

나무무우덕불(南無無憂德佛)

나무구족덕불(南無具足德佛)

나무해탈덕불(南無解脫德佛)

나무무변덕불(南無無邊德佛)

나무광중덕불(南無廣眾德佛)

나무덕류포불(南無德流布佛)

나무일승도불(南無一乘度佛)

나무아미타불

(1번 절한다)

부처님의 지혜는 광대하여 허공과 같아
일체 중생심에 두루 하니, 일념으로 삼
세법(三世法)을 모두 아시고, 역시 일체
중생의 근본을 깨달으셨습니다.

나무석가모니불
나무보련화불(南無寶蓮華佛)
나무담복화불(南無薝蔔華佛)
나무단엄신불(南無端嚴身佛)
나무선사의불(南無善思議佛)
나무해탈상불(南無解脫相佛)
나무해탈광불(南無解脫光佛)
나무금광명불(南無金光明佛)
나무무량음불(南無無量音佛)
나무감로음불(南無甘露音佛)

나무정음성불(南無正音聲佛)
나무묘음성불(南無妙音聲佛)
나무보음성불(南無寶音聲佛)
나무성류포불(南無聲流布佛)
나무공덕명불(南無功德明佛)
나무아미타불

(1번 절한다)

또 광명을 놓으시고 명호는 지혜를 구
족하셨으며, 이 광명은 능히 일체중생
을 깨닫게 하시어, 지금 일법일념(一法
一念) 중에 모두 무량한 제 법문을 이
해하게 하시옵니다.

나무석가모니불
나무공덕경불(南無功德敬佛)

나무공덕집불(南無功德集佛)

나무공덕품불(南無功德品佛)

나무공덕취불(南無功德聚佛)

나무공덕해불(南無功德海佛)

나무공덕광불(南無功德光佛)

나무보위덕불(南無寶威德佛)

나무복위덕불(南無福威德佛)

나무복덕등불(南無福德燈佛)

나무복덕명불(南無福德明佛)

나무복덕광불(南無福德光佛)

나무복덕의불(南無福德意佛)

나무복덕력불(南無福德力佛)

나무낙복덕불(南無樂福德佛)

나무아미타불

(1번 절한다)

눈은 깨끗하여 청련화처럼 널리 닦고, 마음은 깨끗하여 이미 선정(禪定)에 이르렀으며, 정업(淨業)을 오래 쌓아 무량이라 칭하니, 중생을 인도하여 적정(寂)하게 하심에 머리를 숙이옵니다.

나무석가모니불
나무연화최존불(南無蓮華最尊佛)
나무대광보조불(南無大光普照佛)
나무공덕위취불(南無功德威聚佛)
나무중덕상명불(南無眾德上明佛)
나무단유애구불(南無斷有愛垢佛)
나무견일체의불(南無見一切義佛)
나무명칭원문불(南無名稱遠聞佛)
나무득대안은불(南無得大安隱佛)
나무개화보살불(南無開化菩薩佛)

나무정혜득풍불(南無淨慧得豐佛)

나무보현신광불(南無普現身光佛)

나무일체중덕성불(南無一切衆德成佛)

나무극락세계아미타불

(1번 절한다)

법왕의 법력은 군생을 초월하여 항상 법과 재물을 일체중생에게 베푸시니, 능히 제 법상(法相)을 잘 분별하여 제일의(第一義)에 부동(不動)하옵니다.

나무석가모니불

나무무량향광명불(南無無量香光明佛)

나무무량음성왕불(南無無量音聲王佛)

나무무변변재성불(南無無邊辯才成佛)

나무항복제마왕불(南無降伏諸魔王佛)

나무선유보공덕불(南無善遊步功德佛)

나무금강보정진불(南無金剛步精進佛)

나무선명칭공덕불(南無善名稱功德佛)

나무희위덕자재불(南無喜威德自在佛)

나무대강정진용맹불(南無大強精進勇猛佛)

나무단의발욕제명불(南無斷疑拔欲除冥佛)

나무괴마라망독보불(南無壞魔羅網獨步佛)

나무무량존이구왕불南無無量尊離垢王佛)

나무일체법상만왕불南無一切法常滿王佛)

나무극락세계아미타불

(1번 절한다)

이 묘법으로 군생을 구제하시고 한번 받아 물러나지 않아 늘 조용히 비추시오며 생로병사를 제도하시는 대의왕(大醫王)이시니, 당체법해(當體法海)의 공덕은 무변합니다.

나무석가모니불
나무아촉비환희광불(南無阿閦毘歡喜光佛)
나무우발라연화승불(南無優鉢羅蓮華勝佛)
나무수정진흥풍불(南無數精進興豐佛)
나무최청정덕보풍불(南無最淸淨德寶豐佛)
나무최청정무량번불(南無最淸淨無量旛佛)
나무일체중보보집불(南無一切眾寶普集佛)
나무위요특존덕정불(南無圍繞特尊德淨佛)
나무불퇴전륜성수불(南無不退轉輪成首佛)
나무일체화향자재력왕불(南無一切華香自在力王佛)
나무도일체선절중의왕불(南無度一切禪絕眾疑王佛)
나무사자후자재력왕불(南無師子吼自在力王佛)
나무금강견강자재왕불(南無金剛堅強自在王佛)
나무다마라발전단향불(南無多摩羅跋旃檀香佛)

나무산해혜자재통왕불(南無山海慧自在通王佛)

나무극락세계아미타불

(1번 절한다)

부처님께서 한 음성으로 법을 연설하시면, 어떤 이는 혹 두려워하고, 어떤 이는 혹 환희하며, 어떤 이는 혹 싫어하고, 어떤 이는 혹 의혹을 끊으니, 이것은 위신력이 뛰어나시기 때문입니다.

나무석가모니불

나무환희장마니보적불(南無歡喜藏摩尼寶積佛)

나무연화광유희신통불(南無蓮華光遊戲神通佛)

나무성취일체제찰풍불(南無成就一切諸刹豐佛)

나무우발라화수승왕불(南無優鉢羅華殊勝王佛)

나무금강견강보산금광불(南無金剛牢強普散金光佛)

나무금강견강소복괴산불(南無金剛堅強銷伏壞散佛)

나무최상일광명칭공덕불(南無最上日光名稱功德佛)

나무선적월음묘존지왕불(南無善寂月音妙尊智王佛)

나무보개조공자재력왕불(南無寶蓋照空自在力王佛)

나무법륜중보집풍영불(南無法輪眾普集豐盈佛)

나무보련선주사라수왕불(南無寶蓮善住娑羅樹王佛)

나무용맹집지뢰장기사전투불(南無勇猛執持牢仗棄捨戰鬥佛)

나무일체세간낙견상대정진불(南無一切世間樂見上大精進佛)

나무극락세계아미타불

(1번 절한다)

대성(大聖) 법왕들께 귀의함에 있어, 깨끗한 마음으로 부처님을 관(觀)하는 것은 즐겁지 않음이 없어, 각자 세존께서 앞에 계심을 뵈오니 이것은 위신력이 뛰어나시기 때문입니다.

나무무량수불(南無無量壽佛), 또 이름하시길 무량광불(無量光佛), 무변광불(無邊光佛), 무애광불(無礙光佛), 무등광불(無等光佛), 지혜광불(智慧光佛), 청정광불(清淨光佛), 상조광불(常照光佛), 환희광불(歡喜光佛), 해탈광불(解脫光佛), 안은광불(安隱光佛), 초일월광불(超日月光佛), 부사의광불(不思議光佛), 이와 같은 광명으로 시방일체를 두루 비추시는 아미타불이시여! (1번 절한다)

제가 일체 허물을 참회하고 중생의 도덕을 권하고 도우려 제불께 귀명례를 올리오니, 무상의 지혜를 얻게 하소서.

나무과거칠불(南無過去七佛), 현겁천불(賢劫千佛), 삼십오불(三十五佛), 오십삼불(五十三佛), 백칠십불(百七十佛), 장엄겁천불(莊嚴劫千佛), 성수겁천불(星宿劫千佛), 시방삼세일체제불(十方三世一切諸佛)이시여! (1번 절한다)

보살님의 청량한 달은 항상 필경의 허공(畢竟空)에서 노니시는데, 중생심의

필경공

더러움과 깨끗함은 보리의 그림자 나타남 속에 있사옵니다.

　나무관세음보살
　나무대세지보살

나무문수보살

나무보현보살

나무미륵보살

나무지장보살

나무상정진보살(南無常精進菩薩)

나무불휴식보살(南無不休息菩薩)

나무상불경보살(南無常不輕菩薩)

나무허공장보살(南無虛空藏菩薩)

나무무변신보살(南無無邊身菩薩)

나무금강장보살(南無金剛藏菩薩)

(1번 절한다)

몸은 정법장(正法藏)이고, 마음은 무애등(無閡燈)으로, 제법이 공함을 비추시니, 중생을 구제한다고 이름합니다.

나무무량수여래회상　16정사(正土)，　현호
보살(賢護菩薩)，　　선사유보살(善思惟菩薩)，
혜변재보살(慧辯才菩薩)，　관무주보살(觀無
住菩薩)，　신통화보살(神通華菩薩)，　광영보
살(光英菩薩)，　보당보살(寶幢菩薩)，　지상보
살(智上菩薩)，　적근보살(寂根菩薩)，　신혜보
살(信慧菩薩)，　원혜보살(願慧菩薩)，　향상보
살(香象菩薩)，　보영보살(寶英菩薩)，　중주보
살(中住菩薩)，　제행보살(制行菩薩)，　해탈보
살(解脫菩薩)，　제존보살마하살(諸尊菩薩摩
訶薩) (1번 절한다)

나무상주시방불 (1번 절한다)

나무상주시방법 (1번 절한다)

나무상주시방승 (1번 절한다)

나무본사석가모니불 (1번 절한다)

나무극락세계아미타불 (1번 절한다)

나무소재연수약사불(南無消災延壽藥師佛)

나무관세음보살

나무대세지보살

나무문수보살

나무보현보살

나무미륵보살

나무지장보살

나무시방삼세일체불

제존보살마하살

마하반야바라밀

(3번 절한다)

출판 자금을 내거나
독송 · 수지하는 사람과
여러 사람 여러 장소에
유통시키는 사람들을 위해
두루 회향하는 게송

경을 인쇄한 공덕과 수승한 행과

가없는 수승한 복을 모두 회향하옵나니,

원하옵건대 전생 현생의 업이 다 소멸되고,

업과 미혹이 사라지고 선근이 증장되며,

현생의 권속이 안락하고, 선망 조상들이 극락왕생하며,

시방찰토 미진수 법계, 공존공영하고 화해원만하며,

비바람이 항상 순조롭게 불고 세계가 모두 화평하며,

일체 재난이 없어지고 사람들이 건강 평안하며,

일체 법계 중생들이 함께 정토에 왕생하게 하소서.

경문을 쓰고 배우며 독송 수지하면
생각마다 부처님을 친견하게 되므로
공덕은 헤아리기 어렵다.
화엄경에 이르길, "모든 공양 중에 법공양이
제일이니라(諸供養中 法供養最)"라고 하였다.
-반주삼매경 심요

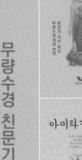

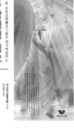

법을 지닌 책 공덕을 맺어나는 설법법
정법개술 _淨法概述_

임과 도감 · 정법진리경 · 염불성불법문

육도윤회와 인과의 진실

염불성불의 길
철오선사법어 _徹悟 禪師法語_

자심부처 돌이키면: 염불하는 이 마음으로 부처 되는 법

칠불의 스승
문수보살
법어와 영험록

백심결 강술
유심결 강술

무량수경 심요

불설대승무량수장엄청정평등각경 강해
佛說大乘無量壽莊嚴淸淨平等覺經 講解

大般涅槃經
대반열반경
한글 현토본

불설대승무량수장엄청정평등각경
佛說大乘無量壽莊嚴淸淨平等覺經

전 세계 1억 명이 수지독송하고 있는
무량수경이 바로 아미타 부처님이시다

불멸 _不滅_ 의 길
연종집요 _蓮宗集要_

극락에 간 반려동물 이야기
동물왕생 불국기

고려수지종
염불하는 이 뉫고?
아미타불 명호선의 개념공과 정토법문

참선이 곧 염불이요
염불이 곧 참선이다
參禪卽是念佛 念佛卽是參禪
- 정토법문 요집 -

아미타불 현세가피

전 세계 1억 명이 수지독송하고 있는
무량수경이 바로 아미타 부처님이시다

관경사첩소 심요
선도대사의 관무량수경 법문

극락 성불학교의 실상
정종 큰스님과 과거의 ...

반야심경 오가해 강기
5대 선지식이 설한 반야바라밀의 심요

보왕삼매염불직지

한 권으로 읽는 대방광불화엄경
大方廣佛華嚴經

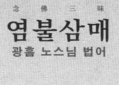

念 佛 三 昧

염불삼매
광흠 노스님 법어

광흠廣欽 큰스님 법문
각산覺山 정원규 편역

염불은 움직임 가운데서 착연서 자기의 일과 조화를 수 있어야 한다. 일하면서 염불해야 온 마음이 고로해질 수 있어야 하며, 한 귀에마다 정요를 명료하게 들으면 심신이 깊이 청정해서 ...

시심작불
염불왕생 성불법문

정수첩요 보은담
생사해탈 염불왕생 성불법문

지장삼부경 강기

요범사훈 심요
운명을 바꾸는 심법

대지도론으로 닦는 보살의 육바라밀

인광대사 문초 청화록
염불왕생念佛往生 ...

선화상인 법문집

본래의 자기 집을 찾아라

무구정광대다라니경
보협인다라니경
수구성취다라니경

만화 **지장경**
김교각 스님과 염불성불

반야심경통석

연화세계

잡보장경

아미타경 사경집

정토 참법
원친채주 참회 발원문

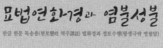

묘법연화경과 염불성불

한글 한문 독송용(현토본과 역주본) 법화경과 정토수행(왕생극락 염원담)

왕생극락과 무생법인의 증득, 성불을 기약하다
이 경전을 듣고 말한 대로 수행하면 여기서 목
숨을 마치고 곧바로 안락세계에 아미타불이
대보살 성중에게 둘러싸여 머무는 곳에 가서,
연꽃 속에 있는 보배자리 위에 태어나느니라
- 「법화경」 「약왕보살본사품」

구마라집 법사 한역
무량수여래회 편역

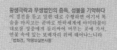

아미타불 일념이
완전한 깨달음이다.

찬집백연경

극락
간
사람들

극락
간
사람들

영주 해승사 원인스님의
화엄경 요점해설

정토의 나침반
왕생성불을 하는 불력수행법

블타의 진실한 가르침

아미타불 48대원

반야심경

성불첩경 정토문답

임종조념 왕생성불

무량수여래회 편역

조념 염불법

생사해탈의 오직 한 길

당생성불

참사람의 행복연습

부처님께 깨달음의 길을 묻다

지관수행

불력수행

염불원통장 보왕삼매참

1판 1쇄 펴낸 날 2025년 5월 5일(석탄절)

강술 원영법사 **찬술** 하련거 거사 **번역** 박영범 거사
발행인 김재경 **편집·디자인** 김성우 **마케팅** 권태형 **제작** 현진기획인쇄
펴낸곳 도서출판 비움과소통
　　　　　서울 금천구 가산디지털2로 43-14 한화비즈2차 7층 702호
　　　　　전화 010-6790-0856 팩스 0505-115-2068
　　　　　이메일 buddhapia5@daum.net

© 원영·하련거 2025
ISBN 979-11-6016-172-4 03220

＊ 경전을 수지독경하거나 사경하거나 해설하거나 유포하는 법보시는
　한 사람의 붓다를 낳는 가장 위대한 공덕이 되는 불사입니다.
＊ 전법을 위한 법보시용 불서는 저렴하게 보급 또는 제작해 드립니다.
　다량 주문시에는 표지·본문 등에 원하시는 문구(文句)를 넣어드립니다.